社會工作個案管理

Betsy S. Vourlekis
Roberta R. Greene ◇編

林武雄◇譯

曾華源　郭靜晃◇主編

主編序

　　在台灣社會工作專業的存在已有三十多年歷史，然而，近幾年來台灣社會快速發展與社會問題不斷增多下，社會工作才受到重視與需要。目前可說是台灣社會工作專業發展真正的契機。一個專業要能夠培養真正可以勝任工作的專業人才，專業的地位與權威，才會受社會所認可（sanction）。因此，學校的教育人才、教學方法與教材，對社會工作在專業的發展上都具有關鍵性影響。我們在學校任教，對教學教材與參考書不足深感困擾。環顧國內社會工作界，社會工作各專業科目的專業書籍實在不多。因此，在一個偶然相聚的機會中，揚智文化葉總經理願意出版社工叢書，以配合當前社會及專業的需要。

　　從去年開始，在出版社的協助下，我們選購了國外一系列評價較高的社會工作書籍，由社工領域中學有專長且具實務經驗的社工菁英來翻譯，另由我們邀請國內各大學中教授社會工作專業科目之教師撰寫書籍。湊巧的，今年正逢社會工作師法的通過，我們希望規劃出版之各專書，有助於實務工作者證照考試，以及學校課程的教授與學習。最重要的，也期望藉著這些書籍的撰寫與翻譯，使專業教育不再受限於教材之不足，並能強化社會工作專業人員的能力，使我國本土的社會工作與社會福利服務實務能有最佳的發展。

最後我們要感謝許多社會工作界的同道，願意花時間和我們一起進行此一繁重的工作，並提供意見給我們，希望此一社工叢書能讓大家滿意。

曾華源、郭靜晃　謹識

謝　誌

　　當我們兩個人在社會工作專業人員協會（the National Association of Social Workers, NASW）任職期間，每天都要處理關於個案管理多重需求的資訊，且有機會整理決策者相關的觀念，因而有出版此書的構想。NASW 的許多同事與我們一起工作，他們的想法對我們的理念貢獻良多。Norma Taylor、Isadora Hare、Verne Lyons 和 Joan Zlotnik 幫助我們在不同實務領域裡討論不同的議題，並辨別不同領域中的個案管理從業者。Susan Hoechstetter、Sandra Harding 和 Sunny Harris 在我們傾全力解釋社會工作個案管理時，協助我們通曉聯邦的新法案。最令人興奮和喜悅的是，與一群致力於此廣泛公益議題的專業小組一起工作，是激發本書完成的重要力量。對每一個章節的撰稿人，我們均交付嚴謹的撰寫任務，以期能符合原先的架構，他們也如此做到了。他們注入自己的觀點和想法，熱心、認真地完成此項工作，我們由衷感激。正是他們的努力，才使得個案管理實務領域得以發揚光大。

我們特別感謝 Laurel Rumpl 提供編輯上的協助，Nancy Smith 所給予的額外行政支援。

Betsy S. Vourlekis
Roberta R. Greene

序　言

　　這是一本關於個案管理實務的書。它是假定個案管理是一般社會工作的助人方法領域中的某一個部分。換言之，個案管理是實務的一種專業形式，與社會工作基本的問題判斷和介入方法能兼容並蓄，並且使用的主要都是社會工作的實務技巧。

　　今日，個案管理已經是人類服務輸送系統中的一個核心部分。私人和公共的方案，都轉向個案管理，持續地讓需要多樣服務和多重協助的案主感到滿意。由於強而有力的勢力結合，產生了對個案管理的需要，不論目前是健康方面或是無家可歸的問題，需要接受幫助的案主和服務提供者間的分裂、衝突，服務系統中照顧的不連續，都呈現相同的問題。在社區裡，有超過一個組織（機構）或者服務提供者的時候，每一個人（單位）都有自己的方案或服務的界線，對於與特殊案主的配合和資源整合，便產生相當多的問題。許多社區確實擁有豐富的資源，可以滿足多樣的需求。然而，希望從眾多的資源中，選擇適當的資源來滿足需求，不但對消費者（案主）是困難的事，對助人者或是機構也是困難的。個案管理可以滿足這個部分，如同其他的人群服務也能滿足服務的需求一般。

專業的社會工作者站在最前線設計、管理和提供個案管理。社會工作人員將進入一個充滿個案管理專家的工作市場，行政管理人員和政策制定者在檢查不斷擴大領域的個案管理方案。本書的設計可提供深度檢視社會工作個案管理的功能和技巧，我們的目的是介紹豐富和多樣的個案管理實務的同時，也將核心架構（core generic framework）應用在所有的例子中。我們並不主張個案管理是「和傳統的個案工作並沒有甚麼不同」。政治和政策的考量圍繞著今日的個案管理，產生了一些不恰當的說明，使人不知道是否應該相信，因此產生了很多的個案管理模型，其中某些模型和社會工作並沒有太多的關係，我們也不認為僅僅社會工作者能夠執行個案管理。另一方面，其他的專業像是醫生和護士，也可以擔任個案管理的角色。另一方面，半專業者、志工和家庭成員擔任個案管理者的情況已經相當普遍。

關於社會工作人員是否能夠成為適當的個案管理者，以及個案管理是否為社會工作的一項適當活動，已經在社會工作專業內產生了這樣的疑問。許多的模型、角色的衝突以及許多的專業人士都已加入個案管理領域中，所以關於個案管理的專業不確定性是可理解的。因此，必須把這麼多的社會工作個案管理模型弄清楚。在現實世界中，專業社會工作人員在個案管理實務裡是十分活躍的。許多主要的人群服務的輸送系統都是正在執行或是將考慮執行個案管理的某個部分，也對工作的界定和效能上產生了許多的影響。一般而言，我們如果想持續地影響個案管理方案的走向，將取決於熟練和專業範圍的實務。此外，社會工作專業想要在個案管理的政策、計畫以及直接實務三個層面上有影響，必須要對個案管理有清晰和一致的觀點，提供現在正執行的實務工作者更多的支持，也讓他們能夠做得更好。

對現在和即將加入的實務工作者而言，有系統地連結社會工作知識、技巧和價值，對他們的角色和功能將會更加瞭解，這也將提供增強和誘因，創造有價值的活動和任務，如此將會提高他們對所選擇的專業有更多的接受和認同感。在任何的組織或是機構，實務者總是在面對行政體系的需要、財務現實、重複的事業角色和否定專業化的種種困難中，還要努力地為社會工作實務保持自我決定和自主權。個案管理實務和其他專業都需要由專業教育和同化過程，來塑造和建立專業。

我們也相信關於個案管理的公共政策的辯論和決策，能夠從系統化的解釋社會工作個案管理內容中獲得解決。假如大眾對個案管理的高度興趣，能夠和傳統社會工作要求清楚的描述和證明、相關目標、關注點、方法的相似和重複部分，能夠相互結合的話，則我們專業實務的主要部分，將可以和已知現實和專門目標相互配合，而設計一些不同的個案管理方案來達到目標。這些部分包括關係建立、對伴隨生理和社會問題的心理需求具敏感度、案主和個案管理者談判系統的動態瞭解、彈性和巧妙的介入案主和資源系統，或有關網絡的技巧和知識，這些都是對達到成功的個案管理目標，至關緊要的部分。

甚至當個案管理領域的所有權既不能自主也不能控制時，我們仍然能夠做兩件事情：(1)有系統地教育和培養我們的實務者具備最大的能力；(2)影響決策者和方案管理者，考慮我們的方法和取向。本書將嘗試對這些任務貢獻棉薄之力。

第1、2章，為社會工作個案管理的直接實務者，提供一般架構來思考。第1章呈現現存的個案管理實務的環境脈絡。包括公共和私人服務輸送系統的範圍和背景、普遍的社會工作實務者、社會工作專業本身有關個案管理疑問方面的討論。第2章發展社會工作個案管理的工作定義。本章主要的特點是在呈現和討論問題。有八個一般直接實務的功能：

1. 案主的確認和外尋。
2. 個人和家庭的評估和診斷。
3. 服務計畫和資源的確認。
4. 案主與所需服務之間的連結。
5. 服務的執行與協調。
6. 服務輸送的監督。
7. 獲取服務的倡導。
8. 評鑑。

許多類似的社會工作方法不但有差異，而且強調個案管理和個案工作間的比較。這些功能和支援他們技巧、活動和任務，透過第3章到第12章有更完整的陳述。

讀者將會發現，在進入其他章節前，能夠先從第1、2章開始瞭解個案管理實務工作的大概環境和狀況時，將會很有幫助。

第3章到第10章提供個案管理者直接實務的功能，詳細討論和舉出許多例子，每一項功能，都在特別的環境或領域中和特定的案主群中舉例，每一個章節都確定一項主要的技巧、特別的議題、限制和機會，所有的例子都是由個案管理員執行任務和活動。個案管理方案的綜述，包括基金的來源、目標和案主系統特性，給予讀者環境條件和實務相互影響的評論。主要的焦點在「如何去」（how to's）將案主的現實狀況和服務輸送系統，經由個案管理的功能進行有效的配合。

Lorraine Davis 所寫的章節，是介紹青少年父母案主的確認和外尋工作，討論整合服務和資源網絡的過程，提供個案管理者有更充分和多樣的資源選擇，以吸引案主群接受服務。有兩個章節論及評估的功能。Grace Lebow 和 Barbara Kane 討論私人執業的老人個案管理實務的評估功能。他們強調評估的目標，是儘可能地瞭解案主自己世界中的版圖，以引導照顧計畫，鼓勵和支持案主在最少限制的環境中，繼續發揮其功能。Isadora Hare 和 James Clark 在學校環境和教育方案中檢驗對案主的評估。他們呈現評估的生態架構，以及補充傳統的深度訪談和家庭訪視的標準化評估工具。

Marcy Kaplan 則提出關於患有愛滋病或呈現陽性反應兒童的個案管理照顧計畫。她舉例說明和討論，這些兒童和其家庭因為做出不同的決定，而造成許多縱橫交錯的情緒，個案管理者則經由引導和照顧這些相關議題，找出一個可實行的照顧計畫。並討論社會工作個案管理者努力地在照顧計畫中，增進以定庭為中心的取向以及將家庭納入照顧計畫時，相關的界限問題。

第 7 章討論連結的功能。Kenneth Kaplan 探討資源獲得的許多層面，以及確保個案管理者能夠將案主與資源連結的幾個關鍵活動。他提醒，個案管理經常在緊急事件或者危機狀況的基礎上出現，當不再需要資源時，他也提出「切斷連結」的有益討論，適用於案主不再需要資源或者非以案主的最佳利益執行任務時。

第 8 和第 9 章從兩個很不同的案主人口群，討論服務的執行和協調功能。John Belcher 從個案管理效果的研究中，提出在慢性精神疾病的個案管理的臨床模型的爭論。他強調和案主維持關係、理解案主思想和行為的挑戰，以及架構目標所需要的臨床技巧。Naomi Miller 則舉出在員工協助方案中的個案管理工作，雖然「個案管理」這個詞彙在這個領域裡，並不被廣泛地使用（除了在某些特別的方案外，或在「管理式」照顧的情況下，亦即身心健康的福利管理的一個部分），但 Miller 建議，個案管理對案主的雙重介入焦點，讓雇主和員工都享有更寬廣的資源和服務環境。

　　Rebecca Hegar 討論兒童福利服務的監督功能。她考慮到角色界限、法律責任，工作者權限的使用等等，這些議題在某些環境裡特別突，出但對許多不同環境中的個案管理也有密切的關聯。第 11 章討論在軍隊環境條件中的倡導功能。 Robert Gemmill 和他的同事提出這些服務的分支，他們討論倡導的運用——權力策略的謹慎運用——在軍隊的環境中，權力的差異是明顯並且制度化的，個案管理者需要冒點危險才能提供服務。

　　Monika White 和 Lynn Goldis 提供針對個案管理評估功能的綜合觀點。他們提出現存組織的個案管理服務保障品質的模型，並且說明包括個案管理者的直接實務者的角色。第 13 章把個案管理的角色要求，視之為跨界限的實務，提供實務工作者在案主系統和服務系統兩方面，執行個案管理的雙重焦點時可利用的技巧。我們建議欲達到個案管理者角色的精熟，則必須接受專業自我發揮的「政治」層面。本書所討論的案主群和機構，是當前社會工作範圍的代表，也包括了私人執業和企業的個案管理例子。但是有些重要的案主群和機構在本書並未討論：如頭部外傷病人或其他的醫療復健案主、與保險相關的精神健康照顧。本書並不打算提供目前所有個案管理領域裡的機構和案主群，我們寧願努力發展社會工作個案管理的凝聚性觀點，以及指出它的應用範圍和彈性。我們希望能清楚地反映社會工作個案管理的原則和重要特性的區別，而不管是應用在哪一類機構或是哪一種案主群裡。

我們相信這點將使得學生、教育工作者、實務者和決策者，更加
認識和瞭解社會工作個案管理並且從中得益。

Betsy S. Vourlekis
Roberta R. Greene

—目　錄—

第 *1* 章

個案管理實務的政策和專業背景
—— Betsy S. Vourlekis

◆個案管理的範疇

◆專業的反應和關心

◆結　論

當美國社會變得更多元化，健康和社會服務制度變得更複雜時，確保高危險人口群能得到適當、及時、協調和有效率的照顧，便成為大家關心的重點。政策制定者、機構管理者和直接服務者，逐漸地把個案管理轉變成一種可選擇的方法，以對複雜或殘障的案主及其家庭提供服務。

個案管理中引人爭議的利益關係，乃系統設計和人群服務輸送的一環，也是對社會工作這個專業的挑戰。注意及關心服務通路、分裂性、服務落差和個別化照顧之需求及規則，均與社會工作實務之價值及日復一日的實務經驗密切相關。在看到多數的政策和方案贊同社會工作傳統的焦點和功能時，著實令人感到興奮和滿足。

然而，在個案管理中相同的公共政策利益關係，雖使個案管理服務系統起步快速，卻導致各種個案管理模式的產生。同時，也產生了專業之間爭辯誰才是原主，以及大量採用半專業人士和志工的爭議。這對於何種個案管理方能奏效，亦引致不切實際的期望。

對社會工作者的實務生涯而言，個案管理所帶來的刺激、機會和專業的挑戰，是顯而易見的。今日有效的社會工作個案管理實務，要有全盤的考量、目的和範圍，在社會工作專業中，也要對個案管理的重要事項有一個實際的瞭解。在這樣的觀點和瞭解下，社會工作者將模塑出一條新的實務大道，有機會讓主要的人群服務輸送變成有價值的功能和角色，並以更強化的專業認同來實行他們的個案管理實務。

個案管理的範疇

個案管理可以定義如下：

一組在服務網絡內合乎邏輯的步驟和互動的程序，以確保案主在支持性、有效能、有效率及合乎成本效益的管理下，接受到其所需要的服務。

雖然定義很完善，個案管理在系統和服務之間亦常被廣泛引述和考慮，但正如上述定義，它是以預期達成的結果來定義，這些結果包含服務通路的改善、設定協調和監督照顧的責任、確保最理想的照顧和照顧結果，最後能達到成本—效益和成本控制。決策者常常較清楚機制所能達成的結果，卻不瞭解人們期盼的結果。因此，個案管理常常是模糊不清和不被充分瞭解的，形成不切實際的期待產生。這是受大眾歡迎的良方，但是最終也會幻滅。

個案管理被普遍視為服務過程中的要素之一。它橫跨公共與私人的實務領域。利用個案管理方法的場所漸漸擴大，包括學校、健康心理診所、醫院、商業界、大型保險公司以及銀行的信託部門，這些地方將個案管理設定為其傳統財務服務（financial service）之額外項目。個案管理被廣泛使用在老人、出院精神病患（dein-stitutionalized mentally ill）、發展障礙的兒童與成人、未婚懷孕青少年以及無家可歸的人身上。現在也廣泛地應用在愛滋（AIDS）病病患和其家人身上。而且不只是服務特殊人口群，當其成為健康保險管理的一部分時，更影響著上百萬的人。

也因為這麼廣泛的利益關係，使個案管理——有時稱為照顧協調（care coordination）——成為具有實際需求的服務。

聯邦政府贊助的計畫

1970年代的一些主要方案，開始採用個案管理系統。從1972年開始，揚棄老人醫療保險計畫（medicare）者（Section 222 of the Social Security Amendments, P. L. 92-603）認可以提供社區為主的照顧方案，來替代費用龐大的機構照護。在對低收入戶及殘障者的醫療補助計畫中，也有相似的例證（Section 1115, P. L. 92-603）。個案管理已經成為示範計畫中的必要項目之一，在破碎和混亂的健康、社會服務系統中，使案主有管道能接受到適當的服務（Austin et al. 1985）。

對慢性精神疾病患者出院的爭訟，以及在社區心理健康中心不足的情形之下，促使美國心理健康學會（the National Institute of Mental Health, NIMH）在1970年代的晚期提出社區支持方案。這些方案都採用個案管理當作服務精神病患的一部分，讓這些有長期需要的患者能得到適當服務、協調的治療及持續性的照顧。最近，NIMH研究慢性心理疾病和無家可歸者的個案管理，指出有效方法的特殊屬性，而且將這些模式廣泛地在這領域裡推廣，社會工作者在這領域中時常被稱為「強勢個案管理」（intensive case management）的供給者和管理者（Rog, Andranovich & Rosenblum, 1987, p.8）。

負責個別、協調照顧等服務的相似需求則促成了委託個案管理服務的誕生，例如：服務發展障礙者（Developmental Disabilities Act of 1970, P. L. 91-517）、老人（Older Americans

Act, revisions of 1978, P. L. 95-478）及有特殊需求的孩童
（Education for All Handicapped Children Act of 1975, P. L. 94-
142），在兒童福利系統方面，聯邦法律在1980年強調對於寄養
照顧的兒童，須訂定家庭重建和穩固的計畫（Federal Adoption
Assistance and Child Welfare Act of 1980, P. L. 96-272），包括個案
計畫和檢討的要求。

　　在1980年代的醫療補助計畫修正案，已經在州計畫中繼續
擴大運用個案管理。在1981年，個案管理系統被認可為 the
Community and Home Based Waiver 條款的部分（Section 2176,
Omnibus Budget Reconciliation Act of 1981. P. L. 96-499）。這項計
畫也較為彈性，允許以社區為主的照顧來代替昂貴的機構服務。
相對於安養院的高成本，州政府冀望找到較低成本的替代方案，
在1985年，個案管理被認為是新的可替代的服務時，州政府也
計畫在醫療補助計畫裡採用個案管理，現在可能將個案管理併入
其醫療補助計畫之內，為指定的人口群提供服務（Consolidated
Omnibus Budget Reconciliation Act, P. L. 99-272）。在醫療補助計
畫下，個案管理被定為「需要醫療、社會、教育以及其他服務的
有條件個體能夠在計畫下得到服務」〔Section 1915 (g) (2), Social
Security Act〕。

　　在1988年時，十九個州曾經核准針對目標團體之個案管理
的醫療補助計畫修正案通過，另外六個州的計畫則等待被批准。
來自州方面的報告則顯示，社會工作者及護士最常成為個案管理
服務的提供者（National Governors' Association 1988）。

　　1980年代，其他重要聯邦法律亦將個案管理囊括在內，
1984年的美國老人方案（the Older Americans Act of 1984 P. L. 98-
459）的修正，則增加了區域性、老人服務機構中個案管理的責

任範圍。個案管理現在被當作慢性心理疾患社區照顧的一部分，成為1986年綜合健康方案中，州立綜合精神健康服務計畫第五條的服務之一（Title V, State Comprehensive Mental Health Services Plan, of the Omnibus Health Act of 1986, P. L. 99-660; National Association of State Mental Health Program Directors 1986）。在1987年時，通過對患有慢性精神疾病的流浪漢提供包括個案管理服務的法案（Stuart B. McKinney Homeless Assistance Act of 1987, P. L. 100-79）。在健康照顧補助金方案中，個案管理被承認為可給付的項目之一。最新的國家福利法中，1988年的家庭支持法案（Family Support Act, P. L. 100-485），認可個案管理為協調、監督及訓練福利服務相當重要的工具。州立機構則可要求個案管理者，被指派到每一個家庭中，參與就業計畫及基本技能訓練方案（Harris 1989）。

在1990年的立法持續讓個案管理出現機會增多。醫療補助計畫條款提出十億美元給社區服務，以加惠發展障礙者。AIDS的法令——1990年里安懷特綜合AIDS資源緊急方案（Ryan White Comprehensive AIDS Resources Emergency Act of 1990, P. L. 100-381）——以超過二十億美元的經費提供個案管理服務，其中包括三項主要的服務：(1)對AIDS、HIV的高危險群案主成立緊急基金；(2)以州的總補助費提供綜合式的服務及計畫；(3)對HIV陽性反應者的提供早期介入服務。

身體健康及心理健康照顧的個案管理

除了在公共基金方案中採行個案管理之外，在八〇年代也證明其在身體和心理健康照顧的成本控制上，也是很好的處理工具。身體與心理的健康照顧管理，不論是經由傳統的照護機構（像是健康維護組織，HMOs）或經由雇主的保險、第三方付費的損害賠償等，現在都有規範可循。由雇主支付的高額健康給付，促使雇主和消費者更有效的利用個案管理服務。私人的營利事業現在也提供其雇主和保險公司個案管理服務，大部分的保險公司也內建（built-in）個案管理。

現在，雖然愈來愈多的社工員被聘爲精神健康管理人，但並沒有被廣泛納入個案管理系統之內。然而，個案管理模式降低成本的功效，於公共事務和決策者對個案管理的認知上，有著不可磨滅的影響。

在處理健康照顧的環境體系裡，個案管理被定義爲：

> 一套用來鑑定高成本病人的系統方法，評定協調照顧的潛在機會，發展治療計畫以改良品質和控制成本，統籌病人的整體照顧，以確保達成最適宜的結果。（Fisher 1987, p. 287）

個案管理模式的範圍，會與一般社會工作實務共同存在。無論如何，倡導的重要性是確定的，病人和家庭的教育也是重點，以人際關係技巧激發案主的學習動機也被視爲有其必要性（Fisher 1987）。

私人的個案管理

私人個案管理實務，或付費性（fee-for-service）的個案管理服務，領域雖小，但卻持續在成長之中。雖然理論上以成本爲考量的消費者會重視服務的價值，但其主要的目標仍是希望得到協調的服務。案主和服務提供者都有責任和義務分攤成本。根據最近的一個調查顯示，社會工作者最常受僱於私人的個案管理服務（Secord 1987），雖然私人的個案管理服務，最常為老人和其家庭提供服務，但是它們也日益重視家中有嚴重心智障礙子女的家庭。父母親對於身後殘障子女的照顧，會希望能有值得信任的安排，包括一些特殊的服務、活動和資源，能有個案管理者協調和監督他們。

專業的反應和關心

社會工作涉入個案管理實務的態勢，已經明顯地確立了。社會工作和社工員站在設計個案管理系統以及輸送個案管理服務的最前線，也影響了州政府和國家政策的考量。專業社工員的職務為直接提供或是監督個案管理實務，像是對無家可歸者的服務，或是對老年人的付費服務。

在社會工作者所投身的許多領域和機構中，個案管理的崛起均被視為新的取向，但他們的反應是：「我們已從事個案管理工作多年，只是我們稱它為個案工作（casework）。」個案管理概念的歷史根源和先驅者，在早期社會工作專業的著作及思想中已曾出現（Weil et al. 1985）。然而，無論傳統的個案工作和個案管理之間是否真的類似，重要的是要瞭解到，從公共政策的觀點來看個案管理確實是新的產物。

正如同社會工作實務中其他重要的層面——像是社會心理觀點——個案管理早已「被發現」，並且朝向政策審議和改革的領域中發展。在這個領域中，除了社會工作之外，還有其他專業工作者參與其中，包括傳統上被歸為高階社會工作的方案與服務。

以現實來看，社會工作者不能夠「擁有」個案管理或當成自己獨占的領域。個案管理的模式和實務將會持續被案主不同的觀點、服務以及應優先考量的事務加以修正。在個案管理實務中，角色和範圍重疊性、分歧的模式和主要的期待，都已經被預先處理了，而且將不斷地調和社工實務以及個案管理實務。

雖然在個案管理者的角色裡，社會工作從業人員非常普及，在個案管理和社工直接實務間照顧的協調和持續性的中心任務也非常相似，但許多的社工員還是有幾個理由質疑，個案管理的專業認定和適當性。「個案管理者」（case manager）這個特定的名詞足以說明專業的雙重目的（duality of purpose），可以在社會工作的兩種服務方法裡呈現，遺憾的是，這兩種觀點通常是矛盾的。一個是直接對有缺陷的環境採取社會行動或矯正，另一個是對個人的援助強調因應和調適。就某些情況而言，個案管理代表著最糟的個人化協助方法是：只是管理著個人及其個案。

個案管理被認為是回到保守的協助策略，在大規模系統裡的專業視野較狹隘（Schilling, Schinke, & Weatherly 1988），當個案管理系統同時被放在有限的資源，以及缺乏實際改革的政策下時，此種專業上的疑慮會更加升高。有力和使人信服的論點，必須符合社會行動和改革，以及個人、個別處理的需求。這些個案管理的議題，在以前就已經常常出現，實際工作之後，就會發現專業工作的空間、能量和承諾，事實上是社會工作者有效處理個案管理時所必須具備的。

個案管理系統期待能找到成本降低（cost containment）、服務通路、協調和持續照顧的重要目標，尚未被加以仔細研究及檢討。這樣的期待，使社工員緊張不安。社工員賣弄專業，對於其實務方法和全球社會所期盼的結果，做了不切實際、太過封閉的連結，他們在個案工作以及1960年代消除貧窮的行動中體會到重重的困難。理所當然地，要明確地說明個案管理的真義和方法的確是一項挑戰，因為它包含了社會工作實務的重要成分，更要將這些成分謹慎地與現實所期盼的結果相連結。

　　個案管理的施行亦衍生兩個因素，造成了社工專業人員的不快。像是之前的許多社會工作角色，在許多個案管理模式中，並未一致要求專業技能。再者，在實務中，個案管理者的報償常與半專業人員相仿，以致社會工作者漸漸傾向於與該角色劃清界線。假如社會工作界欲鼓勵和支持學生以及實務工作者，則必須要使個案管理者成為專業的角色和具備特殊技能的實務，並且仔細地加以辨別何時及何人有需要。另外，個案管理實務在直接服務功能的強調，如資源搜尋、協調和監督，亦威脅著社工直接服務者，使其難以被認同為有能力的臨床工作者。這些社會工作個案管理的臨床因素，需要被瞭解和確認，它們對其他服務功能的圓滿達成亦有重大影響。

　　個案管理系統和服務的範圍含有成本降低和成本控制的特徵，而且更強調目標和成本分析技巧，這些都不是傳統社會工作教育和實務所強調的。個案管理的節省金錢，是其受歡迎的原因，和傳統以案主為中心的社會工作價值是很不同的。不過，如同Kane（1988）所指出，個案管理在來自案主團體的整體預算分配上，是和社工價值一致的現實考量。資源永遠是有限的，面對一群有限資源的案主群，給與其最佳的服務和福祉，被視為社會正義很重要的一面。只是個案個別處理的倡導，不論其動機是如何的好，也可能徒勞無功。

結　論

　　個案管理已經成為政府在提供人群服務時的一項要素，而使用此方法的方案日益繁多，使工作人員的需要和要求，遍及每一個主要的領域。社會工作者的主要貢獻，是站在個案管理實務、方案規劃以及許多重要領域的最前線。雖然社工員的反應是兩極化，由於一些重要且可理解的理由，社會工作個案管理已經普及和迫切需要的。對於專業角色特徵的關鍵因素清楚瞭解後，將使決策者提升其專業運用、教導學生，並為執行社會工作之個案管理者加強及確認「優良實務」的方針。

參考書目

Austin, C.D., J. Low, E.A. Roberts, and K. O'Connor. 1985. "Case Management: A Critical Review." Mimeo, Pacific Northwest Long Term Care Gerontology Center, University of Washington, Seattle.

Fisher, K. 1987. "Case Management." *QRB* 13(8):287–90.

Harris, S. 1989. *A Social Worker's Guide to the Family Support Act of 1988.* Washington, D.C.: National Association of Social Workers.

Kane, R.A. 1988. "Case Management: Ethical Pitfalls on the Road to High-Quality Managed Care." *QRB* 14(5):161–66.

National Association of State Mental Health Program Directors. 1986. *NASMHPD Report: The U.S. Congress.* Alexandria, VA: NASMHPD.

National Governors' Association. 1988. "Targeted Case Management as an Optional Service." Mimeo.

Rog, D.J., G.D. Andranovich, and S. Rosenblum. 1987. *Intensive Case Management for Persons Who Are Homeless and Mentally Ill.* Washington, D.C.: Cosmos Corp.

Schilling, R.F., S.P. Schinke, and R.A. Weatherly. 1987. "Service Trends in a Conservative Era: Social Workers Rediscover the Past." *Social Work* 33(1): 5–9.

Secord, L.J. 1987. *Private Case Management for Older Persons and Their Families.* Excelsior, MN: Interstudy.

Weil, M., and J.M. Karls, and Associates. 1985. *Case Management in Human Service Practice.* San Francisco: Jossey-Bass.

第2章

個案管理：社會工作實務的舞台

——Roberta R. Greene

◆定義社會工作個案管理

◆個案管理主要的成分／功能

雖然個案管理成為受大眾歡迎的助人策略，但是它也並非完全沒有爭議之處。對於個案管理的專業自主權（owenership）、地位以及有關個案管理者角色的道德規範等等議題，仍然有相當多的爭論。由於目前有相當多的個案管理模式存在，且社會工作者不常擔任個案管理者的角色，所以未來狀況將更加混亂。

然而，社會工作者以及個案管理者的見解多半相同，尤其以社會工作個案管理者的角色功能來看，更是如此。

本章將概略說明個案管理的主要特徵，使個案管理成為社會工作實務中自然且鼓舞人心的部分。也討論那些由 Weil、Karls 和協會（1985）所描述的直接服務部分。這些部分將是第 3 章到第 12 章的組織架構，以討論在一些特殊情境中的實務運作。

定義社會工作個案管理

個案管理從瑪麗李奇蒙（Mary Pichmond）時代開始，已經是傳統社會工作的一部分（Johnson & Rubin 1983; O'Connor 1988）。雖然「個案管理」這個術語還是相當的新，但是社會工作個案管理的根源仍可回溯到早期的睦鄰組織和慈善組織會社（settlement houses and the charity organization societies）（Rubin 1987; Weil et al. 1985）。收集及評估資訊的系統方法、資源平均分配的重要性以及個案利益之協調，這些重要目標都傳承給今日的社工員。個案管理實務裡有一些主要特徵（見表2.1），將在本節中詳加說明。

表2.1 社會工作個案管理實務的主要特徵

社會工作個案管理實務是：

- ·基於信任，使案主—社工員關係成爲可能的過程

- ·在服務處於危機的人群時，利用社會工作的雙重焦點來瞭解環境中的個人

- ·確保複雜、多重問題和殘障的案主，能得到持續的照顧

- ·以臨床的方法介入，改善因疾病或喪失功能所造成的情緒問題

- ·利用社會工作技巧的轉介以及倡導，作爲擴張界限來遞送服務

- ·服務需要以社區爲基礎或長期照顧方式的目標案主，包含經濟、健康／醫療、社會和個人的照顧

- ·在最少限制的環境裡提供服務

- ·在決定照顧的水準時，需要診斷案主的機能狀態及其支持網絡

- ·肯定傳統社會工作中，對案主的自我決定、個人尊嚴以及共同負責做決定之概念的價值

　　相當多的社會工作文獻認爲：「如果將個案管理當作社會個案工作的一般形式，就能合法地視之爲社會工作核心技巧的一部分」（O'Connor 1988, p.97）。個案管理應該被列爲社會工作領域之一部分的觀念曾在NASW針對功能損傷者社會工作個案管理的標準及方針（Standards and Guidelines for Social Work Case Management for the Functionally Impaired）中討論（1984）。標準的情形是在一般社工實務內認同信任和被許可的關係之過程，而且，「正如社會工作實務的各個層面般，個案管理也立基於社會工作專業的價值、知識與技巧上」（ibid. 1984, p.3）。這項特色使個案管理成爲社會工作實務中必然的一部分。

在歷史上的社會工作模式，都是藉由個人、環境或是這兩者的改變，來增進個人、家庭和團體的福祉（well-being），而這些部分也反映在個案管理中。以在環境中的人（person-in-the environment）為焦點，社會工作員藉由評定個案的內外在世界的背景，以提供直接和間接的服務，其為主要的因素。這個個案管理的特徵「為特殊危機人口群的利益，結合了直接服務與社區服務最佳的想法」（Roberts-DeGennaro 1987, p.466）。

社會工作個案管理整合了所有傳統社會工作實務的方法，而且提供一個有理論基礎的系統化問題解決的整合性概念（Roberts-DeGennaro 1987; Rubin 1987）。例如，《社會工作百科全書》（*Encyclopedia of Social Work*）（Minahan et al. 1987）提到社會工作個案管理採界限擴張法來提供服務，希望具有複雜、多樣問題或殘障的案主，能得到及時與適當的服務。除此之外，Roberts-DeGennaro 說道：「個案管理者的角色是藉由輔導案主處理系統性的問題，來協助他們」（1987, p.468）。

社會工作個案管理者（social worker case managers）不僅熟知其為實務重點，也發覺它在提供服務的過程中不失為適當架構。他們運用社會工作技巧，在不同的服務層次上執行個案管理活動：例如在直接服務的層次上處理個人和家庭問題；在方案計畫的層次上，管理組織的結構和支持體系；在政策發展的層次上，處理全面化社區方案（communitywide program）中的原理、財務和政治意涵等問題。

在臨床上，個案管理可以是社會心理或醫療處遇中的其中一項介入選擇。對於行政管理人員而言，個案管理可以是針對目標人口群，提供連續照顧服務裡的核心部分。而對方案設計者和立法者而言，個案管理可以是社區長期照護系統的理論基礎控制機制。（Steinberg & Carter 1983, p.1）

個案管理是服務的協調、責信（accountability），以及確保案主接受服務之權利的程序。它的特徵是責專人負責克服案主服務分裂的狀況（Austin 1987; Rubin 1987; Weil et al. 1985）。社會工作個案管理的另一項特點，是在處理伴隨著疾病或喪失功能而產生的情緒問題時，採取臨床社會工作法（Amerman, Eisenberg, & Weisman, 1985; Grisham, White & Miller, 1983; Tolliver et al. 1986）。

Amerman 等人，在討論從國家長期照顧管道示範計畫（National Long-Term Care Channeling Demonstration）中的發現指出，在方案執行期間的經驗顯示，大多數的案主需要「在處遇期間，提供有目的的諮商關係（purposeful counseling relationship）……（以處理）有關在喪失功能的壓力下，相關的情緒問題」（1985, p.169）。但是，個案管理的功能，如同它在這個示範計畫所施行的一樣，「預先排除社會個案工作或諮商同時提供服務」（同上）。Amerman 等人，堅稱個案管理「必須合併個人內在心理、人際關係以及環境的干預……，治療的關係必須詳加定義」（同前，p.174）。

個案管理者是否須具備治療師身分的共識，對該專業而言是重要的（Austin 1987; Hepworth 1986）。一般認為個案管理者的角色變化很大，因方案的不同，可以從經紀人（brokers）到治療師（therapists）不等。同時，也很難想像個案管理者在完成他們的目標時，卻沒有運用具體的臨床互動技巧，像是關係建立、自我支持、評估、診斷等。除此之外，也很難想像個案管理方案在未倡導和計畫健全的服務遞送系統情況下，還能適當的滿足個案需要。

　　許多研究人員都同意，個案管理需要一個能敏銳地交融經紀人和治療師兩者的角色，這是在社會工作個案管理實務的一個主要特徵（Adelson & Leader 1980; Johnson & Rubin 1983; Lamb 1980; Tolliver et al. 1986）。Lamb（1980）認為一個好的治療師也會是一個好的管理者，他也相信，服務的心理治療層面是不可能與資源提供區隔開來。在討論個案管理是否「由另一人來協調和促進服務的遞送，還是由個案管理者提供治療功能」時，Johnson 和 Rubin　（1983, p.49）建議，較有建設性的看法是，將個案管理視之為界限擴張以及臨床任務兩者的結合。

　　另一項社會工作個案管理的特點，是鎖定需要社區服務之案主或需要長期照護的個案。在這樣的情況中，常常必須長時以社區資源來滿足案主的需求。不論案主是一個發展上有缺陷的孩子或是長期慢性病患，他所需要服務的範圍，是包括：經濟、健康／醫療、社會以及個人照顧。這些需要可能包括適當的居住環境和協助購物、準備膳食、家事等的協助。社會工作者特別擅長於這方面的「資源諮詢」（resource consultation）（Northen 1982）。

　　以社區為基礎或長期照顧的服務，已經運用在社會工作實務中的所有領域，包括兒童福利、老人、心理健康方面，而且在勞工協助方案（employee assistance programs）中也日趨廣泛應用，以服務已成為父母的青少年及其家庭。雖然有這些問題的案主可以得到不同的服務以滿足其多樣的需求，例如兒童有收養照顧、脆弱的老人有個人或醫療保健、得愛滋病的人們能獲得「後天性免疫不全症候群的家庭健康照顧」〔immunodeficiency syndrome（AIDS）home health care〕等，但是仍有三個整體的因素在其間：(1)目的是在對危機人口群，提供個別持續的照顧；(2)個案管理者所擔任的職責，是在協調和連接服務輸送系統中的各個部分；(3)目標是確保一個全盤性的方案能符合個人的照顧需求以增強其自主性。

　　社會工作個案管理者一直在倡導長期或以社區為基礎的照顧系統，在計畫周詳的持續照顧體系中，提供各種的服務選擇。持續照顧（continuum of care）的概念是指綜合的服務範圍。從預防到支持服務都包含在其中，例如健康篩檢和到安養院或是收容照顧的接送等等。依據Rowe和Ryan（1987）在喬治華盛頓大學的政府間健康政策計畫（George Washington University Intergovernmental Health Policy Project），預期在五年內得愛滋病的人數，會大幅的增加，這些增加的個案負荷將需要特別的個案管理系統，但是在大多數情況中並未依此設計。慢性的，引致全身衰弱的疾病，需要中級照顧（intermediate-care）的設備、需特殊技術的看護設備和社區照顧的設備。這些附加的支持服務，是用來確保持續照顧將滿足病人重要的需求和減少醫院的成本。社會工作者為愛滋病人計畫服務的先鋒，特別是支持性的服務，以彌補基礎醫療照顧之不足。大部分這些社會心理方面的服務，是在醫院外面提供，而且被設計用在社區中，以維持個人的健康。該方法在所有照顧系統中對各目標人口群都很重要，社會工作個案管理是為有效運用的關鍵（Greene 1988; Rowe & Ryan, 1987）。

　　依照個體機能狀況而決定照顧層次的社會工作原則，是個案管理系統的另外一項主要特徵。由該原理所主導的方案在最不受限的環境中提供服務，則又是另一特色（Hooyman, Hooyman, & Kethley 1981）。其焦點是在評估個人是否有機能上的（社會上、身體的或心理的）失常，然後協助其維持每日的正常活動。社會工作者擅長考慮以家庭和其他支持網絡來當作判定的一部分。這些概念能讓我們瞭解，疾病或失能可能對整個家庭系統的影響，並評估便利的環境對於個人機能的幫助。

若沒有能夠提供適當的判定和以社區為基礎的照顧系統之個案管理方案，許多有身心障礙的個人，將會陷入由機構收容（institutionalization）的窘境。社會工作個案管理者，有責任藉由直接服務或設計服務計畫兩者之一，來使照顧的水準和服務的水準能相符合。

社會工作者藉由本身專業價值的基礎，對個案管理實務有正面的貢獻。個案管理的其中一個主要特點，是它肯定自我決定以及個人價值和尊嚴的傳統，以及作決定時共同責任的觀念。加強案主自我決定的權利，保護案主的權利和隱私權，確保案主的利益優先，為案主的權益努力尋求專業間的合作，這些原則都可以在NASW的「機能受損人士之社會工作個案管理標準及指導方針」（Standards and Guidelines for Social Work Case Management for the Functionally Impaired）（NASW 1984），以提升實務的品質。這些標準也說明社會工作個案管理者，必須遵守的實務原則，如發展長期照顧的設施（NASW 1981）、健康照護環境（NASW 1987），以及臨床社會工作（NASW 1984）。例如出院計畫，由於醫院有強烈的財務動機，醫院會想儘快地讓病人出院，但由於專業協調的存在，縝密的出院計畫程序乃確保病人的利益，而不只是為機構的方便而已（Vourlekis 1985）。

Weil等人指出，個案管理需要以服務的原理來支持，沒有如此的原理，他們相信個案管理「要把重心集中在案主需要，以解決系統中服務的整合和資源問題，將會極端地困難」（1985,

pp.13-14）。他們強調，傳統社會工作對個人價值的尊重，以及作決策時共同責任的概念必須有個案管理實務支持。視案主為獨特的，提升案主的獨立性和參與感，並確保必要時，治療可超過規定次數，這些都是不可或缺的。

　　每位個案管理者都知道，在某些情境中這些價值將會接受檢驗。個案管理員常在資源分配的道德規範和專業權威中掙扎，他們也需要面對個案數量和方案目標與個案個人評估與處遇之權利間的相互比較。另外有關服務缺口、守衛機制（gatekeeping mechanisms）、權威、費用的限制，以及財務的權威可能更增加個案管理的倫理衝突。這些進退兩難的局面使許多個案管理系統非常不穩定，也常成為政治的競技場。雖然如此，這些困境必須在社會工作個案管理的道德架構裡，有效地加以解決。除此之外，接受專業訓練過的個案管理者必須在這些環境裡被加以任用，慢性精神疾病以及兒童感染 HIV 的個案管理，將在本書後面的章節中陸續討論。

　　社會工作個案管理實務所構成的共識，目前已經逐漸一致，並以此精神，提出以下的定義：

　　　社會工作個案管理是人際關係的過程，奠基在個案管理者和案主（系統）之間的關係，彼此間共同發展照顧計畫，以增進需要長期協助的案主之機能，並提升其支持網絡，而且促進並確保連續照顧的服務範圍，使之成為有效的服務。介入則反映社會工作的價值，目標在對案主能力和環境的需求之間的相互配合和改進，這些部分包括改善伴隨失能或疾病而來的問題，建立支持網絡，促進案主水準的服務協調，並產生系統水準的效力。

接下來的部分，將處理八項個案管理的直接服務功能，嘗試將社會工作個案管理的觀點可確實運作。

個案管理主要的成分／功能

一項關於個案管理功能的檢討指出，服務的範圍可能被一些因素影響，像是目標人口群、聘用個案管理者的機構類型、個案負荷量、環境的限制以及服務遞送系統的本質等等，這些範圍都在社區形成一個服務的連續體，如單純的行政者的角色或是重點服務，在在都促成了個案管理的功能（Intagliata 1982; Intagliata & Baker 1983）。雖然有這些執行上的差異，但一般而言，個案管理的核心功能卻是相同。

本節將討論 Weil 等人指出八項直接實務的功能，他們認為這些都是革新的方法且「以某種形式呈現在所有個案管理方案中」。同時，也會與社會工作法相比較以及驗證個案管理及社會個案工作之差異（1985, p.29）。

案主的確認和外展

任何個案管理方案的第一個目標，就是確認並且登記最適合的案主，包括描繪目標人口群以及確認其中適合特殊服務的個別案主（Steinberg & Carter, 1983; Weil et al. 1985）。Steinberg 和 Carter（1983）指出，因為大多數的方案資源有限，所以採取必要的步驟，可預防資源的不當運用。譬如，目標人口群捨棄可資利用的社區醫療服務，而只想著進入安養院中或出院回家療養。

在選擇發現個案的策略方面，個案管理者必須考慮如何對較難接觸的人伸出援手，像是為愛滋病人和染有HIV的人們提供的服務，因為社會在愛滋病人身上加諸烙印，所以案主的確認和外展特別困難。害怕事情曝光、自暴自棄和無助感是這類案主在尋求服務時，常有的感受和想法。多數的人是被迫尋求幫忙，時常會延誤重要的處遇和支持。因為這個理由，社會工作個案管理者必須創新尋找的方法。像是在舊金山、紐約、休斯頓，巴爾的摩等地的社區中，漸漸利用多重學科的健康保健服務團，將個案管理員分發給案主，使家庭照顧以及社區支持服務能發揮最大效用（American Psychiatric Association 1984）。

個人和家庭的判定及診斷

個案管理所遵循的問題界定和干預方式，和社會個案工作相類似（Hamilton 1951; Hollis 1977; Perlman 1957）。在問題解決的方法中，判定是選擇干預或處遇方法前，查驗案主問題或狀況的程序。它是瞭解完整個人的過程——包括案主的動機、優點、弱點和能力。個案管理服務的判定，包括鑑定案主的需要，以及經由非正式管道所能得到的資源，如家庭成員、朋友和組織成員；失能對案主和家庭的影響；案主先前的身體健康狀態和心理健康問題；各年齡層的行為和家庭功能的文化意涵，案主的宗教信仰和價值觀；正式社區資源系統；協助案主的家庭能力等等，就像個案管理是在維護案主的利益一般（NASW 1984）。

判定（assessment）是為了在提供個案管理服務時，可以將焦點集中在個人的生物社會心理（biopsychosocial）功能上。這是檢查案主的日常生活結構，以決定個人（在社會支持的協助下）

滿足環境需求的能力。日常生活活動的評估，可以包含一些特定的項目，例如使用電話、購物、預備餐點、做家事、使用汽車或公共運輸工具、理財、穿衣和進食的能力（Greene 1986）。

在判定個案案主對於個案管理服務的適合度時，不只應瞭解案主現在的機能狀態，而且也應該瞭解他「可能的最高機能水準」（Levine & Fleming 1984, p.10）。如此一來，服務計畫才能在最不受限的情況下進行。簡言之，個案管理功能的判定重點在於案主的福祉，儘可能讓案主自立生活，以及適當地運用社區資源。

社工人員擔任個案管理者的貢獻，在判定方面尤其顯著。根據 Weil（1985）的說法，不久的將來，個案管理課程將要成為必修的科目，工作者和案主之間關係也確立了，後續服務計畫的資料庫也將建立。Steinberg 和 Carter（1983），強調在方案執行時的判定，是臨床上的最高訓練。他們指出，判定是經由高品質（highquality）的會談和診斷技巧，讓案主獲得適合個人的服務、建立工作關係，以及最佳的社區資源運用。

服務計畫和資源確認

在社會工作方法中，判定是收集案主資料的階段。服務計畫和資源確認程序，跟社會心理研究是同類型，都是為案主的利益動員的服務建立藍圖。這個個案管理階段的特色是，有清楚的優先順序的組合以及能夠清楚的說明如何達到目標。這些具體的計畫為案主帶來新的視野，並且改良許多社會服務方案。

社會工作在個案管理的過程中，是由個案管理者決定他或她（案主）的服務需求以及目標。舉例來說，對慢性精神疾病患者而言，這意味著僱人來解決其問題。若只是簡單的確認資源，對於許多對服務系統產生「懷疑」、「退縮」以及「挫敗」心理的案主是不夠的。社會工作個案管理者必須和案主發展並維持信任的關係，能夠以同理心來促進溝通，瞭解選擇和按部就班地解決問題等的複雜性。

連結案主到需要的服務上

連結包括轉介或轉移（referring or transferring）案主到其所需求的服務上，以及決定在這個服務計畫裡必須和可資利用的服務，這類似於個案工作者扮演的「資源顧問」（resource consultant）這樣的角色。根據這種看法，「個案管理本質上是問題解決取向的，以確保服務的連續性，並克服僵化、破碎的系統服務、解決設備的不當使用和管道不通的問題」（Joint Commission on Accreditation of Hospitals 1976, pp.20-21）。

除去潛在的障礙，以使服務能方便地利用和發送，是個案管理最優先要做的事（Intagliata 1982; Levine & Fleming 1984）。Levine 和 Fleming 說明，轉介（referral）是「讓案主得到其所需要的服務（1984, p.13）同時，個案管理者也要做使案主獲得服務的事務（例如，網路、電訪、拜訪其他的機構）」。社會工作原理建議，個案管理者必須要「協助建立案主的內外在能力」，才能讓案主的獨立性達極致，因而不再需要延長服務（Steinberg & Carter 1983, p.23）。

服務的執行和協調

服務的執行和協調，與個案管理實務的成功有相當的關聯。

Weil 等人建議，「服務計畫的所有部分都能加以適當安排，如此，它們將以合理的順利進行，而這就是服務協調的核心」（1985, p.35）。這可能意謂著個案管理者每天都要處理後續活動及調解紛爭（Steinberg & Carter 1983）。

當有許多機構提供服務的時候，「應該盡力安排照顧間的協調，以確保干預的持續性和互補性」（NASW 1984, p.9）。這些整合的活動，常常由社會工作者、案主、案主家庭或非正式支持系統所共同合作進行。NASW 建議的標準如下：

> 案主、家庭以及社會工作者對個案管理任務的參與，不需要彼此互斥……家庭可能是最好的服務監視器和管理監督者。提供更多的訊息和知識給案主和其家庭，他們即可接觸服務機構，並協調二個或更多個服務提供單位。（同前，p.11）

服務遞送的監督

監督（monitoring or overseeing）對案主的服務，是在案主和機構兩個層面上執行的，而且需要與案主和服務提供者不斷地接觸。Steinberg Carter（1983）提議，調解服務提供者之間或案主與服務提供者之間的衝突，都會落在個案管理者活動的領域裡，而且能強固服務契約，確保在最不可能延誤的情況下提供適當且有效的服務。

Weil 等人（1985）認為監督其他機構人員的工作，是個案管理責任中比較困難的層面，因為它常是沒有行政約束力的監督。在簽有契約的機構裡的人員，可能視個案管理者的目標為「與自己無關係的外來者」（extrancous to their own），將個案管理者視之爲「侵入者」（intruder）。Rubin（1987）建議，第一手的接觸（包括拜訪提供案主服務的機構），是促進回應和改善關係的絕佳方式。

倡導服務之獲取

倡導是社會工作的干預策略之一，它特別關心窮人或不公平的資源分配。在執行和監督階段的資料收集，不僅可確保照顧的品質，也能擴大倡導的效果（Greene 1988）。倡導的核心，是使案主「能」且「有」獲得公平和適當的服務機會。因爲許多案主需要個案管理服務，例如衰老、易受傷害或依賴他人，所以倡導變成代表案主爭取其權益，也鼓勵案主爭取自己的權益。倡導的目標雖較具理想性，但它希望能授權案主爭取自己的利益。

倡導包括使個別案主爲得到其特殊資源而奮鬥，像是住所，或是著重在說服決策者，爲某一案主群改變機構規則；政策方面的立法和倡導行動，其目標在影響立法者改變規則和法律。「任何層次上否定倡導的功效，就是摒棄社會工作實務的基本教條」（Sosin & Caulum 1982, p.15）。

代表一個人或更多人權益方面的倡導，意味著在本質上有條件或問題的分歧（Harbert & Ginsberg, 1979）。舉例來說，在都市中有許多的年輕精神分裂症患者，但是方案所提供的服務本來是設計來協助流浪的酒精中毒者，所以這些方案並不能滿足這些形形色色的案主群之需要。倡導能使計畫的設計考慮到更廣泛的服務，以滿足慢性精神疾病患者和他們街道次文化的需要（Segal & Baumohl 1980）。

運用倡導以確保案主能獲得日常用品、服務及其他資源的理論依據，Pinderhughes 做了最佳的詮釋：

> 在社區和個人所要求的健全功能運作中，最重要的是掌控環
> 境以及正向影響的能力。簡言之，即為權力（power）的觀
> 念。缺乏權力及無助感是社會功能失調以及人類社會體系無
> 組織的根源……假設我們的機構反應和問題解決的努力，是
> 直接去消除無力感，然後我們才能真正地說：「我們和案主
> 站在同一陣線上」。（1976, pp.1-2）

評　估

　　服務及服務遞送系統的評估，是社會工作個案管理最重要的
一環。它對消費者、贊助資金以及決策者而言，是責信所必需
的。服務品質的估算有其必要性，其可決定提供者所提供的服務
類型和水準是否合適，而且確保服務的執行上，達到普遍可接受
的標準，資源運用在合理的水準，服務的提供確實引起一定的作
用，而且有管道將有限的服務供給給高危機案主群。

　　Steinberg 和 Carter（1983）強調，評估個案管理服務系統
時，資料收集的重要性。他們指出，每個方案必須判斷，個案管
理者所發問的問題在案主—工作員層次、機構或方案層次以及服
務系統的層次，以獲得判定其效率的資訊（effectiveness）。

　　例如在舊金山綜合醫院（San Francisco General Hospital）的
一個照顧精神病人服務的消費者研究中，Ball 和 Havassy 發現無
家可歸的精神病患，常常表現出無能，以避免再次納入像是從
「他們缺乏基本生存資源」的重生方案中（1984, p.918）。迄今，
再三地納入精神損害的流浪漢，常常歸因於這項疾病會定期循環

的本質，以及因社區病後調養的計畫而導致他們「窮人的順從」（poor compliance）。在一百一十二個城市中，有86％供應住宅，以及74％有充足的財務支持。舊金山的這一項研究，說明了個案管理實務中方案評估的重要性。

在個案管理領域中，社會工作的未來是尚未確定的；有數個專業領域在競爭領導權；社會工作者並不情願地接到個案管理工作；以及現存的教育方案亦未具體說明傳統社會工作個案管理實務。在這些議題中，即使社會個案工作與個案管理之間觀念相似，但有些社會工作宣稱個案管理的「主張」只有理論，或該專業領域無法「提出專屬的主張」（Austin 1987; Johnson & Rubin 1983）。

有關社會工作個案管理系統中定位的爭辯，應該會繼續下去。它指出，所有的個案管理方案不應該考慮社會工作，受僱的個案管理者也不應該參與社會工作實務之中。更正確地說，是對方案範圍以及多樣工作描述的最佳想法。某些方案將會比其他的方案反映出更多有關於社會工作個案管理的特性。該專業可以以此為傲，使其他系統的反應更快速。

參考書目

Adelson, G. and M.A. Leader. 1980. "The Social Worker's Role: A Study of Private and Voluntary Hospitals." *Hospital and Community Psychiatry* 31: 776–80.

American Psychiatric Association. 1984. *Task Force Report on the Homeless Mentally Ill*. Washington, D.C.: American Psychiatric Association.

Amerman, E., D. Eisenberg, and R. Weisman. 1985. "Case Management and Counseling: A Service Dilemma." Pp. 169–77 in *Experience from the National Long-Term Care Channeling Demonstration*, C. Austin et al., editors. Seattle, WA: Institute on Aging, University of Washington.

Austin, C.D. 1987. "Case Management: Reinventing Social Work?" Paper presented at the NASW Professional Symposium, New Orleans, September 9.

Ball, J. and B. Havassy. 1984. "A Survey of the Problems and Needs of Homeless Consumers of Acute Psychiatric Services. *Hospital and Community Report* 35(9):917–21.

Greene, R. 1988. *Continuing Education for Gerontological Careers*. Washington, D.C.: Council on Social Work Education.

Greene, R.R. 1986. *Social Work with the Aged and Their Families*. New York: Aldine de Gruyter.

Grisham, M., M. White, and L.S. Miller. 1983. "Case Management as a Problem-solving Strategy." *Pride Institute Journal of Long Term Health Care* 2(4):22–27.

Hamilton, G. 1951. *Theory and Practice of Social Casework*. New York: Columbia University Press.

Harbert, A. and L.O. Ginsberg. 1979. *Human Services for Older Adults: Concepts and Skills*. Belmont, CA: Wadsworth.

Hepworth, D. 1986. *Direct Social Work Practice: Theory and Skills*. Chicago: Dorsey.

Hollis, F. 1977. *Casework: A Psychosocial Therapy*. Rev. ed. New York: Random House.

Hooyman, E., N. Hooyman, and A. Kethley. 1981. "An Interdisciplinary Curriculum Model for Training Gerontological Social Workers." Paper presented at Council on Social Work Education Annual Program Meeting, March.

Intagliatia, J. 1982. "Improving the Quality of Community Care for the Chronically Mentally Disabled: The Role of Case Management." *Schizophrenia Bulletin* 8(4):655–74.

Intagliata, J. and F. Baker. 1983. "Factors Affecting Case Management Services for the Chronically Mentally Ill." *Administration in Mental Health* 11(2):75–91.

Johnson, P.J. and A. Rubin. 1983. "Case Management in Mental Health: A Social Work Domain?" *Social Work* 28:49–55.

Joint Commission on Accreditation of Hospitals. 1976. *Principles for Accreditation of Community Mental Health Service Programs*. Chicago: IL Accreditation Council for Psychiatric Facilities.

Lamb, H.R. 1980. "Therapist–Case Managers: More Than Brokers of Services." *Hospital and Community Psychiatry* 31(11):1–13.

Levine, I.S. and M. Fleming. 1984. *Human Resource Development: Issues in Case Management*. Baltimore: Center of Rehabilitation and Manpower Services, University of Maryland.

Minahan, A. et al., eds. 1987. *Encyclopedia of Social Work*. Silver Spring, MD: NASW.

NASW. 1981. *Standards for Social Work Services in Long-Term Care Facilities*. Professional Standards, Policy Statement 9. Silver Spring, MD: NASW.

———. 1984. *Standards and Guidelines for Social Work Case Management for the Functionally Impaired*. Professional Standards, No. 12. Silver Spring, MD: NASW.

———. 1987a. *Standards for Social Work in Health Care Settings*. Addendum. Silver Spring, MD: NASW.

Northen, H. 1982. *Clinical Social Work*. New York: Columbia University Press.

O'Connor, G. 1988. "Case Management: System and Practice." *Social Casework* 69:97–106.

Perlman, H.H. 1957. *Social Casework. A Problem Solving Process*. Chicago, IL: University of Chicago Press.

Pinderhughes, E.B. 1976. "Power, Powerlessness and Empowerment in Community Mental Health." Paper presented at Annual Convocation of Commonwealth Fellows. Chestnut Hill, MA, October.

Roberts-DeGennaro, M. 1987. "Developing Case Management as a Practice Model." *Social Casework* 69:466–69.

Rowe, M. and C. Ryan. 1987. *AIDS as Public Health Challenge*. Washington, D.C.: Intergovernmental Health Policy Project, George Washington University.

Rubin, A. 1987. "Case Management." Pp. 212–22 in *Encyclopedia of Social Work*, A. Minahan et al., editors. Silver Spring, MD: National Association of Social Workers.

Segal, S. and J. Baumohl. 1980. "Engaging the Disengaged: Proposals on Madness and Vagrancy." *Social Work* 25:358–65.

Sosin, M. and S. Caulum. 1982. "Advocacy: A Conceptualization for Social Work Practice." *Social Work* 27(4):347.

Steinberg, R.M. and G.W. Carter. 1983. *Case Management and the Elderly*. Lexington, MA: D.C. Heath.

Tolliver, L.M., C. Austin, R.R. Greene, B. Soniat, and M. White. 1986. "A Differentiation between Casework and Case Management." Paper presented at the 39th Annual Scientific Meeting of the Gerontological Society of America, Chicago.

Vourlekis, B.S. 1985. Statement of the Coalition on Medicare and Medicaid Regulations. Submitted to the United States Senate Special Committee on Aging Hearing Medicare DRG's: Challenges for Post-Hospital Care. Silver Spring, MD: National Association of Social Workers.

Weil, M., and J.M. Karls, and Associates. 1985. *Case Management in Human Service Practice*. San Francisco: Jossey-Bass.

第 3 章

案主的確認和外展：對青少年父母提供以學校為基礎的個案管理

——I. Lorraine Davis

◆青少年懷孕方案的評述和歷史

◆個案管理的成功策略

◆案主的確認

◆外　展

針對青少年父母（teenage parents）提供服務和支持，需要有系統的努力和寬廣的視野。個別的個案管理者運用各種臨床的專長和專業創造力，希望能確認案主並提供服務。然而，還是需要更多的外展（out-reach）。個案管理及其功能必須植入綜合方案法中，以改變政策和影響資源的配置，讓青少年父母有更多的選擇方案。有了多元的選擇方案——務實、感受各式各樣年輕人團體之需求——將能使得案主確認和外展工作成功。

　　本章將討論運用在威斯康辛州，為青少年父母創造選擇方案的廣泛觀點和多重的努力及策略。個案管理者扮演主要的角色：他們同時和個別的案主及在多元的系統下工作，如此案主的需要才會被看見及確認，並且能成功接觸到個案管理服務（外展）。

青少年懷孕方案的評述和歷史

　　在威斯康辛州，青少年懷孕方案的歷史可溯至 1973 年。當時由州政府立法通過，自州政府的特別教育經費中提撥基金成立（ch.115, subch. IV, Education for School Age Parents,Wis. Stat.）。

　　這個方案從十或十五個學校的地區方案開始發展，剛開始只有針對懷孕女性進行學科補救，到今日則有超過六十個中心提供基本學科技術指導；提供社區及校園中可獲得諮商服務的資訊；提供社會服務以增加資源的可及性；提供就業輔導、生涯發展以及就業資訊；提供母親及孩童的健康支持系統的相當訊息，以及產前和新生兒的照顧、兒童發展、嬰幼兒照顧、營養學以及家庭計畫等資源，這些中心的服務對象包括男性和女性。

　　有些發展是深謀遠慮的（providence），然而個案管理方法和系統背景的運用，這兩者的相互結合也絕非巧合，即使不能準確預知結果，但也要洞燭機先。為了要預知社區因青少年懷孕方案而做的重要改變是否已準備好，學齡父母親方案（school-age parent programs, SAPAR）的個案管理者要儘可能地抓住機會，來確認及聯繫社區中的多數力量。在這種情況下，個案管理意味著以綜合方法發展在職訓練方案（in-service programas）及研討會，並廣納各界人士及機構參與。在社區中，負責青少年懷孕的人員與各機構之間的照顧關係則建立起來。這些改變將使得原本漠然以對或已經從事以預防、干預和其他的觀點來影響青少年懷孕的社區均囊括其中。

開始建立綜合的青少年懷孕方案時，個案管理者必須：

1. 增加訪問學校的次數，討論他們對於「學齡母親」（school-age mothers）法令改變的看法。
2. 盡全力判定法令改變的正、反兩面以及應含括及排除的重要項目。
3. 大力尋找對學齡母親服務展現最多的努力和關心的組織。
4. 增加與公共教育部門（the Department of Public Instruction, DPI）的接觸，以及和有立法權的委員會主席聯絡，也許他在往後的時日會考慮立青少年懷孕的法案。
5. 對於將送至立法機關審查的草案，都要先詳加考慮。

該方法的理論根據便是集結群眾（不論組織是否嚴謹），以便及時處理問題。在1982年時就出現了一連串的機會開始修改關於學齡媽媽的法令（sec. 118.13 Wis. Stat.），到了1986年，平等工作機會（department's equity）條例擴大範圍，地方議會（council's）的預防懷孕委員會的編制也開始發展成型。

在1983年時，威斯康辛州的374號法案，將學齡母親方案自例外教育需要的項目中刪除，而在威斯康辛州第56號法案（1985），則擴大服務範圍含括了學齡父親在內。它也延長接受服務的資格，從四個月擴充為畢業前或年滿二十一歲前的任何一個時期。1986年，SAPAR發布新的規定和規則。

個案管理的成功策略

不著痕跡地建立關係是個案管理成功的必要條件。整合機構裡的人們及處理中輟生問題、工作訓練、健康照顧、日間照顧、公平機會、女性議題、父親、家庭計畫、虐待兒童問題、人類的成長和發展、營養、親職教育以及生涯規劃等等方案，這些都是SAPAR成功的重要因素。

個案管理者必須要有通盤的概念，他（或她）的原理必須形成綜合的服務方式。個案管理者必須像是無所不在的人，雖然這是不可能的，但是已建立的關係有助於創造這個形像。個案管理者和其他部門都有聯繫，以照顧現在或未來的案主，外展服務很需要靠這些部分。

在學校的環境、結構和官樣的需要裡，個案管理的角色是與協調者（coordinator）的角色不同。協調者要讓每天的功能運作正常，以及解決方案之人事的衝突。個案管理者可說像是張光碟片，在交互影響的過程中，同時注意所有系統中發生的事，而自己也不斷向前邁進。

將第2章所提出的個案管理定義應用在本章所討論的情況時，個案管理者在州政府方面是SAPAR和學校社會工作服務的監督者，案主系統就是學校。在個別的區域中的方案管理者，害怕的是當這些已被辨認出來的學生，無法得到方案所提供的服務，因為在方案修正前需要學校董事會有所行動，不過在特殊教育的庇護下，便不需學校董事會的行動。然而，在一般教育制度下，若未經董事會同意便不能為學生修正任何的方案。個案管理者藉由立法機關在法律上著力，以確保特定區域也含括在學齡父母法中，並呼籲「每一所學校的董事會均應致力於方案修正」。

在整個過程中，個案管理者與青少年父母方案中的學生、家長和教師磋商特殊的需求，將有助每日的服務。如此的諮詢會使個案管理的方法，趨近個別的學校方案。在那些有社會工作個案管理者的校區裡，方案較可能呈現全盤的性質。

個案管理者也企圖透過聯盟來建立一個連續服務的實體。個案管理者交換意見，參與在青少年懷孕預防委員會（56號法案所設立）的問題解決活動中；職業教育法案的協調者；派遣負責母親和孩童健康的人員；公共教育部的兩性平等協調者；派遣與威斯康辛州女性評議會相關之人員（Wisconsin Women's Council Choices Initiative），以及有關的健康和社會服務部（DHSS）的懷孕預防，DPI人類成長和發展，工作訓練法案，DHSS經濟自足的獎助金，威斯康辛州工作機會方案，威斯康辛州日間照顧改善計畫（sec. 46.99, Wis Stat.）和營養方案（女人、嬰兒和兒童／DHSS和DPI的「青少年懷孕的營養」）等相關之人員。

這些策略背後的目的，是要透過派員的過程增加有效的支援，擴充服務到個別的區域方案中，使學校能建立全盤方案的有效資源，而且幫助地方擴展供給，使方案能更適合懷孕青少年每天實際的需要。特別是Carl D. Perkins職業教育法案的協調者和SAPAR的個案管理者，這兩者都瞭解，青少年父母親需要連續

的服務。集合主要的社區成員召開會議，討論這些議題並且開始
建立明確的目標。除此之外，個案管理者要在當時最大型的青少
年懷孕會議中設定行動計畫。

個案管理者也成為威斯康辛州女人評議會聯盟中活躍的成
員。身為一個會員，個案管理者意圖發展對年輕女性的服務，使
她們瞭解除了成為母親之外，確實還有其他的選擇。個案管理者
也藉由向預防青少年懷孕立法評議會提供證據，提出青少年父親
責任的議題，將學齡父親的責任也納入法條中，並且擴充服務期
限超過四個月。最後，個案管理者也涉入複雜的兒童照顧議題
（幼兒日間照顧委員會；sec. 46.99）以及健康議題中。

個案管理者透過聯盟而成功建立連續服務的穩健根基，下一
步，便必須確認出需要這些服務的案主。

案主的確認

在以學校為基礎的環境裡，服務青少年的主要目的是確保這
些學生，有動機完成中學教育。在此個案管理者並非處理在法律
上須強制報告懷孕的案主，個案管理者也不處理長期的個案。因
為個案管理者並非總是能夠早期確認，所以只有在最後一個學期
才與案主接觸。

案主的確認（identification of clients）常常是很困難的，因
為學生往往隱瞞他們懷孕的事，直到最後一學期。而且學生在接
受服務時，可能會受到同儕所帶來的壓力。案主的確認並非只是
篩選那些將會接受服務的學生，每年，青少年學生生出約七千個
嬰孩，學校只找到約7％的學生。從個案管理的觀點來看，增加

服務類型和程度，也會增加案主的確認。和其他州的機構經常互動，如此將會有較廣闊的範圍，來服務潛在的社區案主。

然而，在案主的確認上卻存在著一些障礙：

1. 懷孕的青少年對於被加上的「烙印」非常在意，所以需要特殊的服務來隱瞞他們懷孕——他們不希望像是「怪異的」或與其他的學生作不適宜的比較。

2. 許多懷孕的學生和家長，不希望在接受服務時被貼上「特別的」或是「有缺陷的」的標籤。但是，法令措詞裡的變化，將會增加利用服務的意願。

3. 剛來的懷孕學生時常保持緘默，因為學校人員常帶著道德的態度訓斥他們：是他們自己將情況弄糟的，所以他們不值得接受特別的待遇。

4. 方案中帶有「提倡」或帶點鼓勵青少年懷孕的態度，因為它服務的是犯錯或是不值得尊重的對象，這將會妨礙案主早期的確認。

5. 確認案主的方法，不能表現出是在指責他們性行為和事後的結果。

克服這些障礙的方法，包括逐漸增加、提高和改進服務的方式。舉例來說，可以擴大所提供的服務，如拉梅茲（Lamaze）訓練法、指導兒童照顧、規劃提升工作技能、提供生涯發展和兒童成長課程。此外，服務可以提供直到畢業或達二十一歲。為促進早期確認案主，則必須提供連續的服務，從預防（為已有性行為的青少年設計性教育課程）、到干預（產前課程）到後干預（postintervention）（指導產後的幼兒照顧、工作和工作訓練）。直接地在學校之內提供服務勝於在學校外面的環境，因為這對青少年而言是較方便的。這項努力也將會減少在家的學生數目。除此之外，學校也可以提供促進工作訓練的方案。

另一項鼓勵早期確認案主的方法是經由轉介。案主的確認和轉介，是緊密連結在一起的。舉例來說，經由個人的諮商，諮商人員可以將疑似懷孕者轉介到特別的方案中。社區的醫生、護士、機構以及診所也可以執行確認案主和轉介的工作。其他的轉介來源是懷疑子女懷孕的家長、負責青少年問題的學校人員、懷孕的青少年本身，以及以前曾經接受服務並且認為有用的學生。除此之外，方案的名聲也可能鼓勵案主個人親自前來。懷孕的青少年不論他們選擇接受服務與否，都有被服務的權利。

對懷孕的青少年而言，有愈多的選擇權和愈多彈性的選項，他們愈可能增加其自我確認。方案必須包含複雜及不同環境的人，並排除不願直接參與方案但是想利用特定服務的學生。

外　展

透過一些特定的外展行動讓學生知道有協助方案而減少上面提到的一些確認問題。外展可以有許多的形式：如小冊子、接受過服務的學生所組成的情報網、方案在學校中的可見度及學生相互間的談話等等。

學校可以致力於下列各項：

1. 鼓勵新會員和實際的徵召已畢業的懷孕青少年為青少年父母組織服務，且參與服務的規劃。

2. 邀請懷孕的青少年參加會議和在職訓練，例如與青少年父母相關的兒童虐待議題。

3. 頒發實質的獎學金給青少年父母，使他們能在高中畢業後繼續他們的教育。

4. 留下時間給已分娩的青少年，讓他們可以隨時回來並將個案管理者當成良師益友。

5. 在暑假期間提供「真正的」在職訓練，在實際工作中訓練青少年的謀生能力。

　　無論如何，外展可能會遭遇許多困難。個案管理者必須考慮到，有許多的父親可能是超過學齡，他們可能是較年長、已出社會的男性，以致不易接觸，也不屬於任何人的管轄權。除此之外，在某些情況下，這些父親可能使這項議題更加複雜，因為可能有性虐待，以及女孩不願討論的部分。另一個困難是青少年懷孕服務，對某些青少年而言是短期的，不能為她和她的嬰孩安排長期的計畫，如此的服務將會影響青少年為自己及孩子做長期規劃的能力。無論如何，一旦學生分娩了，系統可能無法再控制發生在學生和她嬰孩身上的事。

　　為了要幫助克這些外展的困難，必須合併服務系統或合併服務的資源。在以學校為基礎的青少年個案管理方案裡，必須要用以下的方式：掌控和整合資源，以便現在和未來提供最大的利益給青少年。個案管理在這樣的環境裡，必須要有很大的彈性和創造力。個案管理者一定要有足夠的彈性，修改服務以符合需要。他們必須有創造力，尋找不同的贊助來源，以提供兒童照顧、交通、工作訓練和其他的服務。最後，最重要的是個案管理者必須熟悉機構的法律陷阱，而且樂意配合法案中任何能增強服務所需要的改變。

參考書目

Brindis, C., R. Barth, and A. Loomis. 1987. "Continuous Counseling: Case Management with Teenage Parents." *Social Casework* 68:164–72.

Furstenberg, F.F. Jr., R. Lincoln, and J. Menken (Eds.). 1981. *Teenage Sexuality, Pregnancy and Childbearing*. Philadelphia: University of Pennsylvania Press.

Lindsay, J.W. and S. Rodine. 1989. *Teenage Pregnancy Challenge: Strategies for Change* (Book One) and *Programs for Kids* (Book Two). Buena Park, CA: Morning Glory Press.

Loomis, A. 1987. *A Public-Private Partnership for School Drop-out Prevention of Pregnant and Parenting Teens*. San Francisco: Teenage Pregnancy and Parenting Program of San Francisco.

第*4*章

研判：私人機構中的老人個案管理

——Grace Lebow & Barbara Kane

◆研判功能的基礎

◆在私立機構中的研判功能

◆研判的過程

◆結　論

社會工作個案管理中的研判功能，就如同人類學家在其領域中對人的探索般，需要透過受過訓練的眼睛和耳朵，以及社會工作的臨床經驗。研判是一種資料收集的過程，以此導引出特別照護計畫以及執行計畫的方法。藉著相似於人類學家的方法，個案管理者運用觀察，以瞭解案主的機能狀況。研判的結果將促使服務計畫在最不受限的環境下獲得最適當的資源。

　　在本章中，有關個案管理中研判功能的討論焦點將置於照護老年人及其家人的臨床經驗上。然而，這項研判功能的特性，也能一樣地適用於其他人口群。例如，肢體障礙的大學生、需要搬遷的年輕智障女性、1950 年代受小兒麻痺疫情影響而需更多照顧的中年人。

　　本章也將描述主要策略和企圖說明一項基本的問題：何謂研判？在臨床工作上是對誰進行研判？個案管理和研判的目的為何？如何切合個案管理的功能？什麼是引導臨床社會工作的基本前提？本章以私立機構的老人疾病（geriatric）個案管理經驗作一結論。這個服務機構是最近興起，約僅有十年歷史，追溯這個機構興起的源由是有趣且有用的。

研判功能的基礎

　　在美國社會裡對老人和他們的家族的服務，是由於人口學和社會變遷而興起的需要。越來越多的老年人壽命增長、慢性疾病增多，且能照顧他們的子女數變少。而且，相較以往，有更多的老年人獨自生活，其家人可能散佈在美國各地。除此之外，有越來越多的女性進入勞動市場，因此無法扮演傳統提供照顧的角色，如此的變化使得照顧老年人的服務需求大增，已超過現有機構所能提供服務的範疇，所以是透過專業的在宅服務來滿足上述的需求。

除了因人口特性引發對個案管理服務的需求外，有些因素是因中高收入者須由私立機構取得服務。舉例來說，這些中高收入者常被排除在政策之外，使他們沒有資格獲得公立或私人的機構服務，有時候，有資格的人卻沒有意願接受服務，更有些時候，家庭無法向傳統機構尋求個人服務，因為這些機構的個案負荷量過重。基於這些理由，家庭成員轉向私人的個案管理者求助，以彌補在服務遞送系統中的缺口。

私立機構的個案管理者所扮演的是複雜的機構與服務體系中之單一窗口。家人可以仰賴專業工作者，尋找、安排、整合，而且監督全套的服務或部分的服務。隨著服務的進展，老人會尋求專業人士協助，讓自己有安全感，而這些人對老人生活條件有一定的瞭解，也隨時能提供服務。正如有位案主適當地觀察到：「這是我的好朋友，我可以隨時依賴的一個人，無論什麼都比不上。」

私人照顧機構的個案管理者，其工作對象多半是老年人。通常它不受任何一個機構的約束，因此他們使用整體社區資源時，並不會有利益上的衝突，公共和私人的機構，在他們的專業人才和專家間的選擇上亦同。因此可以為案主作最佳的轉介抉擇。有少部分的個案管理者是在其贊助下提供服務，典型的像是家庭服務員（homemakers）和看護（nursing assistants）。這些機構通常對他們的人員訓練和監督，都會負起責任，他們也才能在這些方面提供較高品質的服務。本章稍後將討論的方案是，有大學社工背景的社會工作人員為老年人提供任務導向的服務。

研判可以視之為所有的個案管理功能中,最需要高層次訓練以及臨床技巧的一項。臨床專家從生理的、心理的和社會功能能力的層次來診斷現在的狀況。由於沮喪、癡呆以及其他多重的生理、心理和精神狀況障礙的普及,所以專業人員必須兼具醫學、精神醫學以及臨床的知識與經驗。同時,這些臨床技能須借助其他專業人員來加以評鑑,例如神經科醫師、精神科醫師、復健治療師等。照顧與介入計畫均由生物社會心理的研判發展而來。舉例來說,如果一個八十歲的男人,被錯誤地研判為有較高的機能,結果導致錯選不適當的住所,如此便使得他原本脆弱的狀態更添壓力。通常與案主初次接觸時,專業的臨床工作者便有機會進行研判工作,藉由彼此的互動關係,設計未來治療工作的方向。臨床工作者介入個人生活所需要的技巧包括介入的技巧、敏感度以及人際交往的手腕。

大部分個案管理者的挑戰是,老人通常都不會尋求任何的改變,而且也不願意以任何方式學習或處理事情,反而願意花很多力氣,使事情保持原樣,常常拒絕本身及環境中必要的改變。事實上,對於不願配合的案主而言,使用「個案管理者」或「個案管理」這樣的名詞,能使服務的角色與過程更易為案主所接受。

在私立機構中的研判功能

本節將藉著檢視一個私立機構中實施研判的實務,來詳細說明研判的功能。

對家庭成員進行諮商和諮詢,常常不足以提出其問題的本質。最好是家庭成員尋求專業人士的協助,以決定可獲得哪些適當的服務及資源，並且如何選擇以及獲得這些服務。通常，他們會要求協助介紹這些服務給他們的父母親。對於這些需要的回應，作者發現有一個美國首創的私立老人疾病機構，這個機構位於馬里蘭州貝士達（Bethesda）市，名為老年人網絡服務（Aging Network Services, ANS）。在 1982 年時，ANS 的第一位案主是下列各項問題的家中成員。

兒子：我將母親帶至華盛頓和我一起生活。我想為她安排接受方案服務，並協助其適應環境上的改變。

觀察：母親的老人癡呆症正逐漸加重病情，所以兒子相信讓她一個人單獨在遠方的家中，是相當冒險的事。雖然兒子不確定母親是否瞭解如此的安排，但母親看起來是接受搬遷這件事。

＊　　　　＊　　　　＊

姊姊：我有一位智能障礙的妹妹被房東逐出，你能重新安置她嗎？

觀察：這位姊姊想要為她六十三歲有智能障礙的妹妹找尋一處適當、負擔得起且離她近的住所。她考慮有關她自己的健康，並且想要瞭解她的妹妹未來獲得個案管理服務的可能性。

＊　　　　＊　　　　＊

女兒：我藉著預先的準備，來防止危機的出現。

母親：緩一緩吧！我現在很好。

觀察：一個九十三歲的女人住在華盛頓特區，只有一個女兒住在這個區域的城外。母親獨居，而且極少獲得來自朋友和鄰居的幫忙。母親最近常跌倒，醫師診斷為中風前兆。女兒想要知道該如何將我們的照護管理服務，介紹給她的母親。

針對這些諸多的家庭，當他們在滿足家中老年人的需求時，碰到主要的困境是居住地點過於分散。ANS臨床工作者碰到的一個典型個案，是未與住在首府華盛頓的父母生活在一起之成年子女所提出對其老年父母作專業研判的要求。

我目前四十五歲，是個辛勞的電腦程式設計師，我和丈夫以及兩個年幼的孩子住在亞特蘭大。我的母親八十歲，住在華盛頓，變得越來越健忘。她也有心臟病和糖尿病。我深愛她並且希望她搬到這裡，但是她不要。我不知道應該要做到什麼地步，我只是覺得這對她和我們而言，都是件好事。我需要客觀地看待目前的狀況。我睡不著，擔心她是否會記得去關掉咖啡壺。

這個例子描繪出一個女兒擔憂獨居的母親有著記憶以及健康上的問題，這樣的狀況在私立機構中頗為常見，多數ANS所服務的案主，多為父母或較年長的親人，他們有著某種程度的精神耗弱問題。子女願意付費用給個人和私人的服務機構，以提供服務給他們的雙親，並且藉由個案管理者和他們的父母溝通。

當然，地域上的問題可以被克服。ANS時常接獲未與年老親屬住在一起之子女的申請。基於ANS建立一個遍及美國的同業網絡，包括大多數的大都市區域和一些週邊區域，這些私立機構的社會工作者，是由ANS以嚴格的標準篩選，他們需要具備社工碩士以及州執照或是其他證明，並且接受ANS的轉介。每一個轉介來ANS的成員都會安排詳細的家庭成員研判，這樣的

研判過程是透過與家庭中所有的成年子女，以及其他重要人士的
晤談來進行。

　　這個程序已經被擴充到未同居的家庭成員。在這些個案中，
ANS 在轉介個案為網絡成員前，會利用家庭問卷和電話訪談進行
研判。

　　在私人機構中的個案管理，不論是 ANS 或它的網絡成員，
機構的特色即在於運作的穩定性，這可能是其他機構無法獲得充
分的人力資源所能匹配的，因為私立機構的人力充滿、工作緊
湊，所以個案負荷量較小，通常一個個案管理者大概負責二十個
家庭，在 ANS，工作人員除了是治療者與服務仲介者之外，同
時也負責督導大學畢業的社會工作助理。

研判的過程

　　不論是提供老年人或其他對象服務的個人執業或私立機構，
個案管理的研判目的都是一個包含以下四個重疊階段的持續動態
過程：

1. 研判案主與服務之間的契合程度。
2. 研判案主之家屬或重要之他人。
3. 研判老年人及其所處周遭環境。
4. 研判案主接受服務之歷程的情況。

階段1：研判案主與服務之間的契合程度

　　在家庭成員打第一通電話到 ANS 詢問有關服務的同時，最初的評估階段就開始了。要在首次的電話或接案會談中即快速判定其適用類型並不容易，通常須由經驗豐富的臨床工作者來執行，一般來說，這種判定是在服務提供前的電話會談或接案會談中進行。

　　然而，有一些情形需要立即轉介到別處，有些狀況並不適合個案管理服務。舉例來說，申請者提及他們的親人有被虐待或是有被虐待危險，或被嚴重疏忽，並拒絕他人的協助時，常會被轉介至保護服務。若家屬提及他們的父母有自殺的情形，和其他的攻擊行為，常需要立即的精神醫療照顧以穩定症狀時，通常會被立即轉介給精神科醫師或醫院，等待後續可能的治療服務。除此之外，申請者若對服務持有不切實際的期待，像是希望個案管理者對其母親說「若搬到她的大哥那裡住，對她而言是最好的」。這樣的情況是不適合由 ANS 提供服務。若需要付費的狀況對家庭而言是一項負擔時，此家庭通常會被轉介至公立機構，在上述這些狀況中，臨床工作者均會向家屬解釋，就家屬目前的問題，ANS 的服務無法滿足其需求，並說明轉介至其他機構、資源或專業服務，對其較佳的原因。但是臨床工作者也需要給他們有關 ANS 的訊息，以便後續若遇到合適的狀況仍可使用 ANS 的服務。

　　在最初契合性的研判之後，個案管理者在同意和案主一起工作之前，必須澄清一些要點。最重要的是，個案管理者要澄清他們對服務的期待，因為，在大多數的情形裡，家庭成員尋求協助前，可能在解決問題的過程中有失敗的經驗。家屬瞭解私立機構的服務是比較昂貴的，但是可能覺得比較高的代價將會保證有成功結果，最好的方式，是讓家屬說出他們對問題解決的期望。舉例來說，一個兒子希望ANS的服務是能幫忙說服他的爸爸搬離現居地，遷往其兒子及家人住家附近的退休社區。但爸爸已經清楚地表明，他沒有搬家的意圖。在這樣的一個情況下，個案管理者可以幫助家屬瞭解父母有自我決定的權利，老年人改變的進展是植基於其與個案管理者之間所建立的關係。

同時，個案管理者要留意並瞭解、探討家屬的期望。通常家屬很明白知道，他們對協助的期待與父母的意向有所衝突。然而，做子女的常會在責任與權威間感到無所適從，因為他們不知道能否強迫父母接受服務，當成年子女認為他們的父母是脆弱或易受傷的，但又不願意接受他們的建議去尋求服務時，這些成年子女常會覺得他們是否忽略了父母。事實上種種的努力，均應擺在預防性的服務上，以免老年人發生身體或生理狀況嚴重惡化的狀況。遺憾的是，在事情變得更好之前通常會有一段黑暗期。因為意外事件而導致的住院治療，通常說明了後續療養協助的必要性。像這些狀況，經常伴隨痛苦的經驗和某種程度的危險，且難以掌控，因此針對每種狀況皆須謹慎考慮，並沒有絕對的對錯。

階段2：研判案主之家屬或重要之他人

在決定了要進行服務以及澄清期待後，第二階段就要開始進行家庭研判。誰該先看？什麼次序？在家裡或辦公室？這些是難以處理的問題，但是能以一些工作的原則來認定。多數的情形是，應取得家庭成員（包括老年人）對尋求外在協助的同意。如果距離不遠的話，第一次與老年人和其家屬的會談，在辦公室或案主家中進行均可。

　　然而，大多數的家屬要求持續性的私人照顧管理服務，通常是因為老年人心智受損或抗拒外界的服務，在這種狀況下，個案管理者最好先與家屬單獨會談，其中的理由包括：第一，此種會談，提供個案管理者與家屬形成合作或合夥關係的機會，以便評判家庭，特別是老年人的需求和能力。第二，把家庭成員納入這種共同管理團隊的方式，較能共同計畫，並有效地將個案管理者介紹給他們的老年父母。第三，以這種方式尋求協助者（多半是成人子女），需要有與個案管理者相處的時間，以便說明他們需要何種服務。

　　將情況訴諸專業人員，其實是有很大的壓力，特別是當家人或是重要他人不清楚如何改善情境時。為了協助這樣的過程，ANS 設計了一份詳細的家庭問卷，供第一次會談前使用，從一開始，此份問卷的設計即在透過教育家屬如何研判其家庭狀況，以便促成家屬成為研判團隊的一員。舉例來說，這份問題包含著一張評估老人日常生活活動的功能檢核表。針對「你如何研判目前的支持系統？」這個問題，問卷中要求家屬列出目前協助老年父母的朋友、鄰居和親戚等人，如此可協助家屬和個案管理者研判整體支持網絡中的缺漏處。問卷的最後一個問題是：「請你用一些時間概略說明，你主要關心的是什麼？以及明確地說明你正在尋找的協助是什麼？」許多家庭已經因為這個個案管理工具的幫助，讓他們考慮他們家庭的需要，這就是ANS 所強調的「要讓家庭一起共同對家庭作評估」。

　　在和家人會面之前先閱覽問卷，可以提供個案管理者基本的資料。因此視之為面談過程中的引導者，允許家庭成員利用面談時間，能夠將基本資料說明得更清楚，這種詳細的說明事實上能夠對過去所發生的事件有所瞭解，以便有助於未來擬訂適當的服務行動。對不是住在相同地理區域的家庭成員，這個會議可以經由個別的電話諮詢或是和幾個特定區域裡的家庭成員舉行電話會議。經驗顯示，這些諮詢（consultations）不但增加重要訊息，而且更重要的是為他們的父母得到更多的支持系統。下面的例子說明，在家庭研判會談中所收集的資料，以及與服務相關的重要議題，供作討論。

　　奧圖先生是獨子，住在城外，但是最近卻悶悶不樂。因為他父親的記憶在過去的三個月以來，已經變得更壞了，有跡象顯示他曾在家附近周圍迷路。他也關心父親的體重逐漸降低，而且會忘記吃東西。奧圖先生已經鰥居將近一年，而且獨自地住在家裡。有一個專業的家庭清潔員（house-cleaner），每兩個星期會來清潔一次。兒子希望父親儘快搬到退休之家（assisted-living retirement home），然而父親卻覺得沒有問題，不需要，所以依然留在家裡。

　　奧圖先生要求持續性（ongoing）的個案管理服務。服務人員告訴他，第一個步驟是在設計照顧計畫之前，要儘可能的說明有關他父親生活功能方面的資訊。研判的一部分包括向他父親的醫生諮詢。與奧圖先生在辦公室的會面，個案管理者仔細地探討下列各項問卷中的資訊：

■轉介和背景資訊

　　·所呈現的問題
　　·仔細地探索導致現況的環境因素

· 為什麼不在更早的時候，而是現在才尋求協助
· 早期的生活史、種族和文化背景

■心理精神狀態的機能運作

· 首次記憶喪失的經驗（日期、事件）
· 在這段時期的心理創傷事件／損失
· 在一年前喪妻時父親的反應為何
· 一般的人格特質以及因應機制

■日常活動的功能

· 說明父親日常生活狀態
· 開車記錄
· 處理財務和料理家務的能力
· 購物和備餐

■支持系統

· 父親依賴誰和為甚麼依賴
· 有沒有人每日探問父親的生活
· 父親和朋友、鄰居以及其他人的關係
· 對組織活動的參與情形，例如教會

■家庭關係

· 描述現在和過去的主要家庭關係
· 家庭間的拜訪和聯繫的頻率及狀況
· 家人對父親被診斷出老人癡呆症的反應，以及父親對外在
　協助的反應

在與奧圖先生家人會面時，個案管理者會介紹社工助理給父親認識。社工助理將會與父親建立關係，帶他去看醫生且協助處理一些雜務，並持續地觀察他的生活機能。在這層關係的基礎上，個案管理者希望父親願意接受家務服務員（homemaker）提供一天四小時服務的短程目標。這項關係，也希望能達到長程的目標，也就是說服父親能夠搬到類似安養院的機構，以獲得協助和監督。

奧圖先生另外的問題是，如何告訴他的父親社工員的拜訪時間。在最初的調查重點上，兒子和父親持續六個月爭論有關父親要不要搬遷的問題。兒子曾帶父親參觀過兩所亞特蘭大的退休之家（retirement homes），離兒子的家只有十分鐘的路程。但是父親不喜歡這個主意，兩人均感到挫折和憤怒。奧圖先生認為他不喜歡「住在任何一個安養院」。有了這些背景資料，個案管理員知道她的出現，可能會使父親把安養院和她的拜訪聯想在一起，進而嚇到了父親。所以她對兒子建議，介紹她是一個幫助老年人留在家裡的顧問。

下一個問題是誰將要付服務的費用，以及案主聯盟和信賴的問題。奧圖先生決定由他付研判的費用，以免形成父親更不願接受協助的障礙。由兒子來付費，並不代表他可以掌控服務的成果。他瞭解他所支付的是客觀的評價，而協助的過程必須是依著父親的心理準備程度而定。個案管理者解釋，研判的發現將會與兒子一起分享，而且父親對個案管理者之間的信賴和社工助理之間的關係，也將會獲得尊重。

ANS 的個案管理員已經學習到某些字眼的言外之意，可能會觸怒老人家。因此，對案主背景的充分瞭解，有助於慎選在家訪接觸時的字眼，像是「顧問」或「資源專家」是比較可以接受的字眼。在家庭研判的會談中，有相當多的時間是用來瞭解老人抗拒的個性，以達到相互的協議。

第一次家庭研判會談，一般是在家人討論於第一階段中各自希望扮演的角色裡結束。在這個例子裡，兒子瞭解到他的動作已經造成與父親情緒的僵持（emotional stalemate），這方面也還原到原先對父親的尊重。他會繼續和律師處理父親的財務，也希望他的父親將會接受個案管理者和社工助理，作爲他生活裡重要的人。兒子在客觀的評估後，直接地要求「協助我清楚明白在父親的事件裡，我的角色和責任」。

階段3：研判老年人及其周遭環境

一旦服務的付費問題已經解決，研判的第三階段即將展開：研判老人的生物社會心理（biopsychosocial）功能。繼續以奧圖家人爲例，個案管理者進行家庭訪問和父親見了面，奧圖先生也在擁有支持力量下出現。在會談的過程中，個案管理者嘗試使父親在過程中放輕鬆，因爲感受到他明顯地表現出懷疑和害怕。她向他保證雖然他的兒子想要他搬家，但是她希望聽聽他的意見。當他能夠放鬆，就能詳細說明他家對他的意義。

家庭訪問爲個案管理者提供豐富的評估機會，但是家庭評估和在辦公室環境裡實施，需要不同的技巧。雖然各種評估工具很多，但是個案管理者不僅僅只用紙和筆記錄。取而代之的是用眼睛的觀察，把重心集中所見所聞的豐富資料裡，像是這個人如何整理房子，他或她述說著有關咖啡桌上圖畫裡的故事，解釋他或她如何處理計算九粒不同藥丸的特有方式，以及這個人在家中的動態等都是活生生的材料。個案管理者藉由觀察案主身體和心理的機能運作，便可以在真實生活的實驗室裡創造更多的機會。

　　舉例來說，個案管理者觀察奧圖老先生所住公寓的郵件、舊報紙、小紙片上的電話號碼和名字。當個案管理者提及他們時，說道：「天哪！你有好多事情要注意呢！」奧圖老先生回應：「是的，我過去習慣讓事物有條不紊，但是現在我太容易忘東忘西」。當她論述懸掛在牆壁上的家人肖像時，注意到奧圖老先生只能夠叫出六個家庭成員中的三個。她注意到咖啡桌上，有看了一半的小說，這點也製造了有關他閱讀材料的話題。一通電話打斷交談，但是也給了個案管理者機會，看到他如何處理來電。

　　在會談結束時，奧圖老先生是在比較舒服的心情中，向個案管理者展示他收集的郵票和硬幣。因為老人最近必須放棄駕駛車輛，所以個案管理者將會在下週和助理一起回來，協助他辦些瑣事並帶他去看預約門診。他同意，但是之後卻對他兒子表示對下次會談感到有點恐懼。

　　雖然首次的家庭訪視得到許多豐富的資料，知道他整體的能力。也知道他對外人的接受力，但是這只是開始。最先會發生的事情是，奧圖老先生的抗拒和懷疑，而這或許是最強烈的。他實際的承受加和限度在哪裡，我們仍然不知道，這時社工助理變得非常重要。社工助理透過經常的家庭訪問，以家庭最能支付的成本做進一步觀察，並形成一個堅固關係，來提供其他實際的援助，如帶案主去看醫生或其他專家。隨著這二者之間的交誼，通常案主的恐懼會減少，並且增加未來服務的機會。

　　社工助理的學位，是社會工作、行為科學或是治療科學領域。此外，助理要有和老人一起工作的經驗，像個案管理者一樣，社工助理需要知道關於正常老人的知識，也要知道關於殘障以及老人疾病的知識。助理與老人間只有唯一的角色，所以需要有特別技巧。不像個案管理者一樣，助理花許多時間和案主在一起，完成每日的各種活動，例如到雜貨店去買東西、去銀行存款、整理郵件和閱讀文章。在和案主的關係中，助理徘徊在諮商員（counselor）和朋友之間——涉及敏感度（sensitivity）以及轉移（transference）和反轉移（counter-transference）的議題。例如，以奧圖先生的轉移問題為例，他看待助理的某種浪漫親密眼神，和看妻子的某種樣子很接近。所以助理必須小心地以案主的姓氏來稱呼他，也透過其他方法保持友好的但仍專業的立場。關於反轉移現象，助理對沒有負起責任的兒子感到憤怒，所以也不會跟他說更多的話。它反映了助理自己的家庭狀況，因為他的兩個兄弟也是如此對待父親。由於這樣一個原因，督導會議（supervisory sessions）就經常舉行，助理對個案管理者報告，他對這個家庭及家人的觀察和活動，因此轉移和其他的臨床問題也被理解了。他們也一起討論研判階段的下一步。

按照奧圖先生的例子，助理陪著個案管理者進行第二次訪問。他約了奧圖老先生，在有興趣的主題裡交談。她幫他安排下星期看醫生的行程，並且在卡片背部，寫下電話號碼和地圖。在醫療檢查前，她電話聯絡以確認他記得了這件事，並用卡片背後的圖片提醒他。在回家的路上，奧圖老先生表達他的感激，讓他記得去看醫生。他說：「我喜歡在這些事情上，能借用你們的記憶」。

在此處，奧圖老先生和社工助理之間的初始關聯已建立了。在接下來的數週過程中，她能夠在研判資訊一覽表（the repertoire of assessment information）中增加關於這個老人的需求和優點。例如，她觀察奧圖老先生站在高凳子上，以便從櫥櫃上拿到罐子。基於這個觀察，她便能夠輕鬆地幫助奧圖老先生，讓這個廚房重新組織而成為更安全的地方。她注意到電冰箱中的食品，主要是甜食，也向個案管理者報告。在某種意義上，助理能透過一個連續性的觀察，而非片段的圖像來幫助個案管理者捕捉奧圖老先生的世界。

如同任何研判過程般，個案管理者以居於輪軸的位置來整合其他專家的評價。然而由其他人來評估，可能像是太多局外人來檢查一般，令老人經歷許多挫折或者失敗，所以他會使自己避免其他人發現他們的弱點來保護自己。由於這樣的想法，個案管理者在最重要的範圍，才請來額外的專家，以免嚇退老人和疏遠彼此的關係。

在這個例子裡，奧圖先生所陳述的目前問題是他父親體重減少和記憶惡化問題。過去奧圖老先生讓他的兒子知道，他能處理自己的醫療事情。在他要求 ANS 的服務之前，奧圖先生感覺到他有必要與醫生多作聯繫。他說道：「在最後一次到華盛頓去的旅途中，他根據內科醫生的建議，堅定地要說服父親接受良好的照顧」。他們兩個人一起去看醫生，且被告知父親需要神經學和其他的測驗，以評估父親的記憶力。可是，父親並不想去，回家之後兒子更加挫折了。這就是他尋求 ANS 協助的原因。

在社工助理和奧圖老先生充分地建立良好關係之後，他答應去神經學家那裡檢查。然而，這卻是個案管理者典型的倫理困境（ethical dilemma）。在甚麼環境和甚麼程度之下，管理者可以相信案主有自我決定的權利？個案管理者也和自主性的議題在奮戰，特別是當老人有某種程度的精神損害時。因為那麼多的個別特殊群體所構成的個案負荷，其主要討論的議題必須隨著每一個案主的情況來考慮。

在奧圖先生家庭的例子中，奧圖老先生對他的健康判斷較為缺乏。干預被視為具有預防性質，依據他們的希望，發展堅固和實際的家庭照顧計畫。這個方法的理論根據是順從個人在原來的環境中保持獨立的希望並儘可能不要改變個人的生活方式是較好的。

私人機構的老年社會工作者在其工作中處理大量老人的事情。在個案管理的研判階段，有證據指出，社會工作者需要加入多門學科的團隊工作（the multidisciplinary team）中。ANS 的人員發展了與其他專家良好的共事關係，能夠為研判提供更多的協助。當案主已經有主要的內科醫生時，任何的干預總是要和醫生合作。對私人團隊的形成和利用，很少有所限制。這些團隊成員瞭解，在系統工作時，把私人社會工作者當成資訊的協調者和交換所（the coordinator and clearinghouse）是最恰當不過的。

如同這個例子所說明的，單獨的執業者對案主在執行照顧計畫時，所付出的時間和注意力也有其自由限度。雖然個案管理者及家庭均簽約同意服務期限，但個案管理者並不會受到沉重的工作量及書面作業的限制。這使得個案管理者能以獨創的方式盡力為案主爭取權益。個案管理者的責任與義務不只針對案主還有其專業的道德及價值觀。在 ANS，個案管理者和內外部的顧問諮詢，以解決一些臨床上的問題和其他道德或價值上的衝突。

階段 4：重新研判案主情況

因為案主的情況一直在變，個案管理者必須持續不斷地檢查在環境中的個人。這種改變的根源和本質是有趣的。來源可能是情境，例如，家庭成員搬出或搬入，其他可支持的人變得較少時，周遭環境變成不安全，或者財務變得更拮据。然而，最普通的變化是老人的身體或者精神狀況的改變。變化也許突然的，例如，突然的疾病造成身體的惡化，使整個情況的檢討成爲必要；或者變化可能很慢，像是老年癡呆症（Alzheimer）或帕金森氏症（Parkinson）等退化疾病。不管變化的是性質爲何，個案管理者一定要意識到，老人情況的動態和複雜性。

在這個例子中，基於醫學報告和個案管理者的觀察，奧圖老先生很可能患有老年癡呆症，因爲他有時會忘記吃藥或者不恰當地進食，因此介紹一天幾小時的家務服務。奧圖老先生能接受這項服務，是由於和社工助理這幾個月所發展的正向關係而來的。她準備協助家務服務員瞭解奧圖老先生的孤僻個性，對家務服務員進行督導和支持的聯盟工作。然而，在服務六個月後，奧圖先生卻覺得寒心。重新研判十分重要，修訂照顧計畫，也必須包括訪問心理治療師。

重新研判是遍及生活各層面的重要部分，需要技術熟練的臨床技巧。只是在整個家庭互動或是家庭和個案管理者互動良好時才能夠觀察到。例如，奧圖先生最初放心的使用服務，然而，三個月之後，他自己和他的父親、助手之間開始有距離了，似乎是因爲嫉妒的緣故。當這些反應來到個案管理者每月會談時，就需要準備安排一個辦公室諮詢來解決問題。

重新研判可使個案管理者警覺地改變原定目標，以回應當事人及其情況不斷改變的需求。個案管理者身爲團隊的指揮，與其他團隊成員以及家庭一起討論這些改變的目標是相當重要的。

結　論

　　在本章中為了學習方便，選擇的個案只包含一個兒子。在其他家庭中，可能更複雜，例如孫子孫女們、配偶、侄女和侄兒（外甥）、養子女和朋友等其他照顧者（caregivers），個案管理者的臨床技巧要在不同方法中使用。一個常見的問題是，家庭成員可能會有不同期望。個案管理者的任務是要瞭解每一個人對問題的理解，以及引領委託人對老人機能運作水準的實際瞭解。個案管理者和家庭成員能夠有相同的目標，涉及的每個人也都具有共識。專業研判的本身經常有助於軟化這些衝突，所以家人間也才能夠成為合作無間的單位。

　　研判的功能是其他個案管理服務出發的基礎。它也是唯一能夠單獨存在的功能，提供在環境中的當事人之診斷評價。若使該基礎強固，無論在案主的診斷及參與案主服務的過程中，研判的功能在臨床上亦須要求最高水準的專長和技術。

參考書目

American Society on Aging. 1988. *Generations, Special Issue on Case Management.*

Butler, Robert H., M.I. Lewis, and T. Sunderland (1991) *Aging and Mental Health: Positive Psychosocial and Biomedical Approaches.* Columbus, OH: Merrill.

Melamed, Brina. 1985. "Issues Related to Private Practice Geriatric Care Management." Paper presented New York: October 5–6, 1985.

NASW. 1984. *NASW Standards and Guidelines for Social Work Case Management for the Functionally Impaired.* Prepared by the NASW Case Management Task Force. Silver Spring, MD: NASW.

NCOA. 1988. *Case Management Standards.* Guidelines for Practice by National Institute on Community-Based Long Term Care. Washington, D.C.: NCOA.

Office of Technology Assessment. 1990. *Confused Minds, Burdened Families: Finding Help for People with A.D. and Other Dementias.* Washington, D.C.: USGPO.

Ragan, Pauline K. 1979. *Aging Parents.* Los Angeles: University of Southern California Press.

Silverstone, Barbara and Helen K. Hyman. 1976. *You and Your Aging Parent.* New York: Pantheon.

Wasser, Edna. 1966. *Creative Approaches in Casework with the Aging.* New York Family Services Association of America.

第5章

學校社會工作及早期療育方案中對殘障嬰幼兒的個案管理研判

—— Isadora Hare & James P. Clark

◆在學校中個案管理的政策脈絡

◆實務的應用

◆個案管理中的研判功能

◆學校社會工作實務中的研判功能

◆研判的領域和程序

◆結　論

在學校中個案管理的政策脈絡

　　回顧個案管理的歷史發展和公共策略的脈絡時，作者經常提到在 1975 年所制定的「身心障礙兒童教育法案」(the Education for All Handicapped Children Act （P. L. 94-142）(Weil, Karls, & Associates 1985, p.10; Vourlekis, this volume）。這個立法是一系列聯邦立法中最重要的一個，是針對一些不同的弱勢族群，提供正式的個案管理服務。在這個例子裡，公立學校中的身心障礙兒童、青少年即為其人口群。儘管這個法律並未特別提及個案管理，但它指出公立學校的責任是在最少限制性的環境中，提供免費、適當的公共教育，並且規範程序上應由學校指派個案管理者監督和監控其政策及條款。

　　這些條款包括了尋找兒童服務、無歧視的測驗 (nondiscriminatory) 和研判、由多門學科組成的團隊來評斷資格、發展個別化的教育方案 (IEP)、父母親的參與、以及安置在最不受限的環境中 (Allen-Meares, Washington, & Welsh 1986, p.141）。教育環境的種類及層次範圍，包括了從「一般教育」的學童到被高度隔離的學童不等。IEP 每年要檢討一次，每隔三年必須對學童作一個完整的再研判。如果 Weil 等人所描述的個案管理的直接實務功能 (1985, p.29) 置於 P. L. 94-142 號條款之上，將發現明顯的相似之處。在表4.1 中，把 P. L. 94-142 的主要條款列成表，也將每一個相對應的個案管理功能予以對照：

表4.1　P. L. 94-142 條款及其對應之個案管理功能表

P. L. 94-142 條款	個案管理的功能
‧尋找兒童	‧案主的確認和外展
‧多重專業的評估和無歧視的測驗	‧個別的研判和診斷
‧個別教育方案（IEP）	‧服務計畫和資源的確認
‧安置在最少限制的環境中	‧把案主與需要的服務連接起來
‧提供特殊教育和相關的服務：免費的適當公共教育	‧服務的執行和協調
	‧監控服務的遞送
‧IEP 的每年檢討	‧倡導
‧程序上的處理和雙親的參與	‧評鑑
‧每三年的再研判	

　　個案管理者的地位，是由地區學校在執行 P. L. 94-142 條款時所設立的，並且包括許多專業背景的人，如社工人員。然而，除此之外，學校社工人員，也在其他方面深深受到法律約束。

　　P. L. 94-124 規定了對身心障礙兒童的「特殊教育」和「相關服務」[1]。「特殊教育」的定義爲：「特殊設計的教育法，父母親不需要花費代價，即可滿足障礙兒童的獨特需求」。社工員最重要的是在安排特殊教育的前後提供「相關服務」。相關的服務被定義爲：「輸送像是發展、矯正和其他的支援服務，以幫助身心障礙孩子從特殊教育中獲益」。在1977年的規定裡，已經規定了這樣的服務：學校中的社會工作服務包括了以下幾項：

　　1.準備有關身心障礙兒童的社會或發展的歷史。

2.對這些兒童和家庭提供團體或個別的諮商。

3.在這些兒童的生活情境中（如家、學校和社區）處理問題，以影響這些兒童在學校的適應。

4.動員學校和社區的資源，以使兒童能從教育方案中得著最大的益處。

這是第一次，社會工作者對學校的服務受到了法律的認可，而且學校社會工作的職位，也由聯邦基金補助經費。因此，1975年起學校開始僱用的社會工作員人數大幅增加。學校社會工作提供法律所規範的服務，包括直接服務以及現在被視爲個案管理的項目：經由社會及發展史的準備、服務計畫和資源的確認、把案主與需要的服務連接起來、服務的執行和協調。

當「身心障礙教育法案」（the Education of the Handicapped Act, EHA），1986年透過P. L. 99-457再認證和修正時，個案管理得到特別的注意和焦點。法案增加了一項新的H部分，它是有關殘障嬰幼兒的自由裁量授權方案，提供兒童從出生到兩歲內的早期介入服務，特別針對認知、身體、語言、社會心理以及自我幫助範圍發展遲緩的案例。在州政府的自由裁量下，也可以包括處於具體發展遲緩邊緣的案主。在法律中已經規定十種早期介入服務的類型，包括個案管理服務〔sec. 672 (2) E (vii)〕。個別化的家庭服務計畫（IFSP），必須包括兒童發展程度和家庭強度的研判，以及加強發展的需要事項。IFSP也逐一登記個案管理人員的姓名，其專業必須與孩子和家庭需要密切相關，並且「將負責執行計畫並協調其他機構及人員」（sec. 677 [d] 6）。在評論IFSP和個案管理者的雙重概念時，Bishop（1990）指出，P. L. 99-457的原則是以家庭爲中心，認爲家庭是童年生活的常數，而服務系統和人員只是變數。

P. L. 99-457的法規把個案管理定義為，具有協調功能，幫助和促使符合資格的孩子和家庭獲得適當、早期的介入服務活動。個案管理被認為是一個積極的、不斷進步的過程，協助父母取得管道獲得早期介入服務，以及在IFSP的其他服務協調所有相關服務的提供、促進服務適時地遞送，以及不斷尋求加惠兒童發展所必需的合適服務及情境（Title, 34 CFR sec. 303.6 [a] [2]）。特殊的個案管理活動包括（Title 34 CFR sec. 303.6 [b]）：

1. 協調研判和評估績效。
2. 促進和參與個別家庭服務計畫的發展、檢討和評估。
3. 協助家庭確認可用的服務提供者。
4. 協調和監督可用服務的遞送。
5. 告知家庭倡導服務的可利用性。
6. 協調醫療衛生的服務提供者。
7. 如果合適時，提供一個學前服務的過渡計畫。

這些活動與傳統學校社會工作的實務和角色是一致（Clark 1989），與P. L. 99-457所定義的社會工作服務也一致。包括（Title 34 CFR sec. 303.12 [d] [11]）：

1. 進行家庭訪視，以評估兒童的生活條件、親子互動的型態。
2. 對兒童和家庭生活背景的社會心理發展作研判。
3. 對個人和家庭提供個別以及團體的諮商，也對兒童和家長提供適當的社會技巧。
4. 在家庭和兒童的生活情境下（如在家、社區和任何提供早期介入服務的中心）來處理這些問題，以便兒童能夠善加利用早期介入服務。

5.確認、動員和協調社區的資源，使兒童和家庭從早期介入服務中獲得最大的益處。

　　每一個合格的兒童和家庭都必須被指派一位個案管理者，負責協調跨機構的所有服務和充當幫助父母獲得服務時所接觸的人。合格的個案管理者（Title 34 CFR sec. 303.6 [d]）包括符合IFSP規定的人，在專業知識和瞭解符合資格的兒童、法律及法案以及清楚該州早期介入服務的付費系統的人。

實務的應用

　　因此，個案管理成為身心障礙兒童服務的一個完整部分。在P. L. 94-142之下，個案管理者又分為二類：一是監督整個研判、資格確認和安置的過程；二是個案管理團隊的成員，所提供的服務包括：(1)對社會心理、家庭、健康、經濟、文化和影響孩子學業成績和學習方式的學校因素進行研判；(2)直接執行IEP服務；(3)動員和協調家庭、學校和社區的合適資源。雖然社會工作員列在執行早期介入服務合格名單之上，但他們根據EHA的H部分，對個案管理功能方面並沒有特別的主張。在法律中指定的各種專家，都是目前正在努力發展訓練和材料的人（Bailey 1989; Garland, Woodruff, & Buck 1988; Zipper & Nash 1990）。校園社會工作者有很悠久的傳統，進行家庭—學校—社區三者間的連結，現在則概念化成為個案管理活動。校園社會工作者對個案管理的改進和苦心經營有許多貢獻，但是，在公共議題方面則較慢。

除了對身心障礙兒童教育的個案管理服務外，這個方法也越來越多用於處於教育失敗危機狀態的學校服務方案上，特別是有可能中途輟學的那些人。在教育學者、企業人士和政客開始認知到光是提高學業標準，並不能解決美國的教育問題之後，這些學生在八〇年代中期，成為教育改革方案所關注的焦點，其中兩個善加利用社會工作者和其他專業人員的方案服務特別重要。

在學合作方案如 Fordham 大學的教育和社會公益服務研究所，共同執行了解決紐約市小學生問題的計畫，這些學生缺席率高且處於學業成績低落或者中途輟學危機狀態中。計畫中主要的目標之一是介入學校和家庭，以創造出有益於學業成績和固定出席率的正向環境。社會工作個案管理人員的角色，是在社會心理和教育問題阻礙兒童學習時，在家庭、學校、同儕團體和社區之間促進合作關係的人。這項功能是在必要時負責對學生和家庭加以倡導，並協助學校和社區資源有計畫的改變及發展，以幫助學校執行教學和學習功能（Anon. n.d., p.2）。這個模型中的評估功能，指向這個孩子在家庭及學校的問題，在家被照顧或者被忽視的程度，案主的優點和弱點，利用外部支援系統提供問題解決的工具（J. Wangner, personal communications, 1990）。

在華盛頓大學的教育政策研究機構中由聯邦經費所支助的「高危機學生研究及教學中心」（The federally funded Center for the Study and Teaching of At Risk Students, C-STARS），發展一個個案管理模式的方案預防從幼稚園到高中的高危機學生輟學。目標學生包括有逃學或者表現出身體、性侵害的虐待徵兆、餓著肚子來到學校的、學業成績低落和在教室中破壞的孩子們。C-STARS說明專業之間的個案管理（interprofessional case management）

為：在學校、醫療以社會服務機構等全面服務遞送網絡中，設計一系列合理和適當的互動計畫，為危機中的學生和他們的家庭，提供支持性、有效性及協調性的服務；其以學校為基礎且獲社區的支持（Smith & Stowitschek 1989, p.2）。

研判是該模型中的主要焦點。C-STARS 強調「發展有效、有系統的研判過程……因為這是未來決定和計畫的基礎」（ibid., p.19）。建議應包含一個全面的參考形式、協助判定學生危機程度的特殊量表，包括自我報告量表、教師填寫的行為意見調查、與父母親的會談、成績單的檢討。一旦完成這些步驟，個案管理的另一個階段將緊跟著展開。

總之，過去十五年來政策的改變，出現了對身心障礙兒童的教育、對身心障礙嬰幼兒的早期介入服務，以及針對因為社會心理、文化和經濟因素，而處於學業低落之危機狀態兒童們所做的教育改革努力。這些新的政策導引了以教育模型發展的個案管理概念。學校社會工作者、教師和其他的學校專家，在許多方案中均積極的合作。從他們的經驗以及專業歷史根源中得知，隨著服務遞送方式的演進，他們的貢獻也將愈多。

個案管理中的研判功能

研判是個案管理中相當重要的功能，所以個案管理者的研判能力，經常決定著個案管理實務的成功與否（Roberts-DeGennaro 1987）。通盤、精確的研判提供規劃及個別化個案管理過程中十分重要的資料。實現個案管理計畫和爾後的個案管理功能，均基於這個研判的資料，這些資料決定對案主的個案管理歷程（Weil

1985）。

　　個案管理研判可以被定義為，案主和個案管理者合作，有系統地收集、分析資料，來處理以下一些關鍵性的問題：

1. 案主目前的社會功能為何？（包括個人的長處和需要）
2. 哪些案主的社會環境特性促進或阻礙社會功能的改良？
3. 哪些增進案主機能的目標和主題，應該被囊括在個案管理計畫裡？
4. 完成這些目標所必須獲得的資源和服務是甚麼？
5. 對這些目標和主題，將利用何種程序監督？
6. 將用甚麼成果標準來評價結果？

　　回覆這些問題的資料將被用做訂定書面個案管理計畫。

　　在初始研判過程中所確認的案主需要，也會因時因地不可避免地改變。視研判為循環的過程相當重要，亦即對於正在進行個案管理過程的案主需要，要能敏感地進行改變。在制定評估進步（上述問題6）的方案和計畫表時，須考慮由個案管理者直接和經常地評估進步，以獲得最佳的結果。

　　個案管理者擬訂各種的研判程序，以配合案主的特殊情況和執行研判的特定目標。資料收集程序包括與案主及其他相關人士的會談、社會個案史的發展、個案直接觀察、標準化的觀察或具效標的研判工具。除了由個案管理者執行和控制外，先前由其他服務提供者執行的評估也要在規劃和決策過程中加以檢討和考量。

　　在這個定義中，案主不被視為研判過程中被動的服務接受者，而是積極參與者。在社會工作的原則下——包括對人的尊重、個別化、注意優點和因應技巧、案主的自我決定等——應用在個案管理研判的其他方面（McDermott 1975）。Ruth Smalley 在社會工作實務中將診斷定義爲：

> 對各種現象的發展或理解是最有效的事……有些部分是在服務的過程中發展而成，有些則有案主參與其中，它被承認是隨著現象改變也不斷修正的服務。在適當的時機裡，社會工作者也可授予案主使用。（1967, p.134）

個案管理著作的作者 Moxley 強調：「個案管理者在研判過程中並不是設定單一角色，而是與案主共同分擔責任以及作決策」（1989, p.30）。從社會工作的觀點來看，個案管理研判的層面，不能被太過強調。

學校社會工作實務中的研判功能

在學校的個案管理實務中，研判是相當重要的功能。在學校社會工作研判時所收集的資料，可作爲個別學生個案管理過程的方向。研判資料有助於澄清和定義相關的問題，形成發展行爲改變之明確目標的基礎。在研判過程中所收集的資料也提供一個參考重點，能夠用來監督學生機能的進步或者變化，以評估介入和服務的成效。最後，研判必須提供在教育環境中有助於改進學生的學業或者行爲表現的資訊。

學校社會工作研判的焦點在於學生在家庭、學校和社區系統的社會功能。通常，研判的目的在於「確認合理的困難，建立工作關係，並且提供適當的教育設計策略和支援服務」（National Council of State Consultants for School Social Work Services 1981, p.51）。說得更明確一點，將研判過程所採取的活動對準問題定義和分析，使關鍵的學校人員、父母和社區服務提供者間的合作關係建立，並且獲取有助於判定何種資源和介入可以有效解決目前的問題和必須被含括在介入計畫中的資訊。因此，後續的個案管理功能，像是服務規劃及資源確認、為案主聯繫需要的服務、服務執行及協調、監督、倡導和評鑑（Weil 1985）都是以研判資料及活動為基礎。

最常用來作為學校工作的理論框架即生態系統法（ecological-systems approach），它的焦點在於個別學生在學校、家庭和社區系統的互動。以在這些系統中的學生互動為重點，便要考慮個別學生的特性，以及系統特性可能會造成及持續學校中的問題。這個評估模式有利於考慮「改變小學生及改變環境之介入計畫」（Allen-Meares 1987, p.25）。這在學校社會工作實務裡是特別有用的，特別是在學業表現問題中，或者由學生展現的行為和社會的問題，而這些都是因為某些學校政策和程序或者對部分學校人員不適當的期望所造成。在這種情況下，可能必須對準這些系統的多樣性，而非只是個別學生的行為。

學校社會工作研判的資料，經常被使用在判定學生的資格是否符合某些方案或服務，例如特殊教育。在這種情形下，描述學生在學校、家庭和社區系統互動下的社會功能資料，不只在決定資格的過程中極為有用，也在 IEP 的發展中為需要特殊教育的學習障礙學童做有效規劃。

學校社會工作的生態系統研判方法所收集的資料，有時並不足以描述學童特殊的個人特性，例如智能、學業表現和大小運動肌肉的功能等，這在傳統上是特殊教育專家的事。這些評估並沒有局限於描述和證實這些個人特性，也追查學生與系統互動的情形。這種評估的類型所收集到的資料能夠用來建立行為改變的目標、設計介入策略、監督進步和評鑑介入的成效，這是促進個案管理過程必需的資訊。

研判的領域和程序

　　學校社會工作實務者必須精心地挑選研判程序，以調和一致性的目標，並產生導引個案管理過程的資料。這意味著評估資料必須提供關於學生目前的社會功能之特定和有意義的資訊，以及要解除相關疑慮和解決目前問題需要哪些資源和服務。這包括在學校系統中的資源和服務的考量，例如學校社會工作服務、學校諮商服務、學業輔導方案和預防逃學方案，以及社區服務，如心理健康服務、家務服務和社會公益服務。學校社會工作者是最可能熟知一系列社區服務的教育專家，同時也處於最有利的地位來幫助學生、學校人員以及家庭以適當的方式獲得及利用這些服務。在連結學校、家庭和社區的努力裡，學校社會工作者也能夠協助協調學校方案和這些社區服務有意義且有效地合作。

　　Weil 也指出：「研判的形式和強調的重點，取決於目標人口群的一般需要、案主的特殊需求以及案主目前及潛在的機能」（1985, p.32）。學校社會工作研判是具有廣闊的基礎和問題解決取向，它包含了眾多的領域且利用各種的研判程序和工具。

　　兒童在教育情境中之表現的相關性必須被加以評估，分述如下：

1.家庭結構和人口特性。

2.重大的家庭經歷事件或者危機，像是離婚、死亡、失業、遷居和自然災禍。

3.家庭的文化和社經地位。

4.家庭功能和因應機制。

5.圍繞孩子出生和發展的里程碑和重要特性。

6.兒童的健康危機，例如外科手術或者住院紀錄。

7.兒童受教育經歷的順利和細節。

8.兒童現在的教育環境。

9.兒童的適應行為和社會互動。

10.家庭可獲得的資源。

正因為兒童領域的多樣因素，學校社會工作研判才可能分成不同架構或者集中於某個領域上。例如，身心障礙的嬰幼兒，其家庭功能的研判，對於IFSP的制定便很重要。而被評估需特殊教育的智障兒童的個案中，適應行為則為主要部分。

傳統上，社會工作者所獲取的資料大部分是經由和父母親的會談得來，該資料將成為家庭社會史的一個部分。

隨著時間的推進，不同領域也分別受到特別的矚目，標準化工具也已發展完成，可獲得行為的定量測量值，例如適應行為，這些都是可能需要分析和介入的特定行為。

理想上，社會歷史的面談和標準化工具，兩者都應該被應用於學校社會工作的研判中。社會歷史面談之所以重要，是因為它提供學校社會工作者一個機會，代表學校體系和父母建立聯盟，作為父母及學校政策之間的橋樑。從面談、兒童觀察、學校記錄以及標準化的測驗結果所得到的資料應該加以結合。它提供了兒童及家庭的社會心理全貌，可確保無歧視的介入，並且在家長正面的參與下，促進兒童的學習與發展。

　　下面將先討論學校社會工作研判的傳統方法。它的焦點集中於適應行為、社會技巧和家庭評估的專門領域裡。在每一個領域之內，用以測量的特定工具均有參考資料，最後，再提供一個整合的描述。IOWA 的學校社會工作員前不久發展的一個綜合評估工具，提供成功和問題解決互動的研判和介入系統（The Assessing Successful Interactions Problem-Solving Assessment and Intervention System）（Bryce, Piechowski, & Wilson 1990），廣義上集中於社會功能，也納入兒童行為以及兒童與各種系統互動的研判。

社會歷史

　　社會歷史長期以來即為學校社會工作實務的一部分。瑪麗李奇蒙描述，由「全國家庭訪問教師及家庭、學校探訪員協會」（the National Association of Visiting Teachers and Home and School Visitors）所做的一些開創性的研究，說明兒童在環境中的變化，其離開或是留在學校是「根據對這些個別兒童，在他們的家裡或是鄰近環境中所做的研究調查資料來決定」。它也是孩子是否必須留在學校，所需要的社會心理研判的重要向度。

　　有些專家偏好用「社會發展研究」（social developmental study）這個名詞，這意味著評估比過去因素的回顧更為全面。它應是以與父母或者其他照顧者、教師和學生的會談為基礎。學校社會工作者也應從其他方面收集學生的資料，在學校內觀察學生在教室內、外的行為，在學校外則觀察其家庭和鄰居，從其他機構回報重要資訊，以及評估工具管理的有關資料（Illinois State

Board of Education 1983, p.21）。

Dane（1990, p.63）強調提供在學校和家中行為之文件證明的重要性，特別是有學習障礙的孩子們。評估孩子在家中的機能，可以提供在文化環境條件中審視其發展變化的機會。社會適應指數在孩子感到比學校較無壓力且感到舒適的家裡，更可以觀察得到，也可作為轉介回學校的佐證。因此，社會歷史保護了學生的權益，能獲得毫無偏見的研判，使他們在適當的教育方案和最不受限制的環境中成長。

社會研判「可作為學校社會工作服務評鑑學生的工具，或作為可能提出的特殊教育方案中多重專業評估裡的一個部分」（National Council of State Consultants for School Social Work Services 1981, p.51）。實務工作者應該改變社會發展研究的格式，以符合當地學校文件上的要求。社會歷史的部分，應該包括關於父母和家庭，例如年紀、學歷和職業的資料；目前的問題及轉介的原因；發展歷史、健康史、學校史和目前的教育環境；學生的社會感情功能；包括社會經濟和文化因素的相關社會和家庭資料。最後的部分應該以上述的資料和評價為基礎，將建議的方案和計畫列成一張表（National Association of Social Workers 1984, pp.3-4; Byrne, Hare, et al. 1977, pp.49-50; Florida Association of Visiting Teachers/School Social Workers 1988, p.13）。

學校社會工作中的社會歷史的風格和內涵，深深地受其目的和環境所影響，換句話說，即使是幫助校內兒童學業上的進步。學校「必須知道」的權利必須和家庭的「隱私權」之間相互平衡（Florida Association of Visiting Teachers/Schools Social Workers 1988, p.15）。例如，當學生突然表現出沮喪和沒動機完成學業時，學校人員去瞭解學生有人際壓力或家中衝突等問題是有幫助的。然而，提到家庭的隱私權，可能意味著為能有效地幫助這個學生，學校人員不必知道這些壓力情況的細節。例如，父親或母親的藥癮問題或者兄弟姊妹的嚴重疾病，是家庭可能想要保密的私事。所以，社會歷史文件應該簡明的，並且在風格上是屬事實描述而非評斷（Byrne, Hare et al. 1977, p.48）。任何寫下的診斷評估或者建議應該與兒童的學業表現或需要有關。

有關微妙的個人內在或是家庭內在的動力，例如婚姻衝突、兒童虐待或者藥物濫用，最好能歸屬於提供資訊的這個人。例如，「×太太說明她的丈夫有嚴重酗酒問題，並且當他喝醉時，經常打孩子們」。由1974年的「家庭教育權利和隱私保護法案」（Family Educational Rights and Privacy Act of 1974）保障了家庭和成年學生被收錄在學校記錄的權利（P. L. 93-380, known as the Buckley Amendment）。根據這項法律，記錄中的任何項目，都必須切合實際，風格和內容的選擇也必須是相關的。

儘管各種標準化測驗、對照表和工具的發展對兒童的發展和學業表現的社會心理因素測量有所貢獻，但是這些不應該用以取代社會歷史，以及和父母或照顧者的會談。施行社會歷史的過程就像其結果一般重要。透過這個過程，學校社會工作員能和父母建立關係，對父母的關心和憂慮表達同理，回答父母親對特殊教育方案的疑惑。因為社會工作者是學校雇員，所以透過這個方法建立的良好工作關係，也能夠普遍地推展到全校。

施行社會歷史會談涉及兩個過程：學校社會工作者整理出父母的資訊，但是也為這些父母提供治療和授權的經驗（Fiene & Taylor 1989, pp.4-5）。會談的治療層面包括父母感受到被接納而且有足夠的安全感以表達他們的挫折和憤怒，因為他們可能曾嘗試為孩子在學校尋找適當的協助未果。會談中也可以給予父母機會處理自己否認孩子在學校裡所經歷的問題。當學校社會工作員對父母談到關於他們的合法權利，或者關於學校可提供的服務資訊時，或者鼓勵父母積極地與校方人員合作，共同處理目前問題，如此一來，會談將成爲一個授權經驗。這對那些因爲語言、階級或者社會文化的差別而不習慣與援助系統協商的家庭特別重要（Dane 1990, p.79），或者有些是因爲他們曾對學校有負面經驗，例如沒有接收到適當的服務方案或遭到社會拒絕，如被不適當地安排在被隔離的特殊教育方案中。在研判和個案管理的教育過程，也讓兒童和家庭中的「系統內倡導者」（in-system advocate），也使父母獲得與專家合作時的技巧，並使自己成爲有效能的個案管理者（Carland, Woodruff, & Buck 1988, p.6; Bishop 1990, p.14; Dane 1990, p.80）。

適應行爲的研判

在學校環境中所作的研判中，適應行爲是受到特別注意的一個領域。適應行爲研判是特殊教育中十分重要的部分，特別是在確認智能障礙學生及特殊教育方案或服務方面。美國智障協會（The American Association on Mental Deficiency, AAMD）把智能障礙定義如下：「智能障礙是指明顯地比一般人智力低，且在適應行爲方面能力不足，在發展時期愈爲顯著」（Grossman 1983, p.1）。這個定義與多數地方確認智障學生需要特殊教育的標準很類似。它需要一般智力功能和適應行爲的評估，就像是 Reschly 所說的：「適應行爲與一般智力功能是定義智能障礙十分重要的領域，適應行爲中的障礙必須用文件說明，以證明智能障礙的分級正確」（1987, p.7）。

AAMD定義適應行為是「個人符合獨立及社會責任標準的
程度或有效性」（Grossman 1983, p.1）。顯然評估的行為類型有很
多類似之處，但適應行為評估工具常常會依循項目的概念及分類
而有所不同。基於經驗研究、標準化的適應行為工具、最近的
AAMD分類版本和各種不同的考慮等廣泛檢討下，Reschly
（1987）提出了四種適應行為種類：(1)獨立功能；(2)社會功能；
(3)學業成就；(4)職業成就。獨立和社會功能的範疇，向來都是學
校社會工作員評估適應行為的首要焦點。這些範疇中的適應行為
研判所提供的資料，在學生和家庭個案管理過程中都相當有用。

Allen-Meares和Lane（1983）以及Reschly（1987）均同意
施行適應行為研判，有兩個主要目的，第一個目的是確認和安置
有資格以及需要特殊教育的學生。通常資格確認的決定需要運用
常態參考工具，以其所獲得之分數將學生功能和標準組相互比
較，並與各年齡或各年級學生的表現期望值相比較。

實施適應行為研判的第二個目的是，提供個別化教育介入和
方案發展的有用資訊（Allen-Meares and Lane, 1983, p.298）在建
立特殊教育學生的資格之後，必須有更精確的資訊，尤其是學生
需要學習哪些技能以及必須提供哪些服務等，校標參考工具向來
被用來達成這個目的。此類型工具是將學生的表現與特定表現標
準相較，便可獲得資料以辨別學生已習得哪些資料或需要哪些指
導及服務。因該項目所收集的研判資料，與個案管理過程最相
關，因為它們直接決定了哪些服務有其必要性。

瞭解沒有任何一個工具能完整達到這兩個目的是相當重要
的。最好的實務支援，是使用多重測量、直接觀察和會談等其他
研判方法和程序，以適切地處理這兩個目的。有許多校標參考適
應行為評估工具可使用，例如AAMD適應行為量表——學校版

（Lambert 1981）、兒童的適應行為量表（Mercer & Lewis 1978）、Vineland 的適應行為量表（Sparrow, Balla, & Cicchetti 1984）、適應行為綜合測驗（Adams 1984）。

奇史東適應行為剖析（The Keystone Adaptive Behavior Profile）（Gallagher, Moore, & Wells 1983）與學校社會工作研判特別相關，他尤其注重社會功能。這個工具設計的目的是評估在學校、家庭、社區、同儕和自我的適應行為，並整合在導師所完成的學校量表，和由學生的父母完成的家庭量表中。學校量表包括關於社會技巧的其他測驗、情感發展、自我照顧技巧等等。家庭量表則包括相似的測驗，但是也有學生在家庭和社區中表現的資料。這個基礎廣袤的研判程序與學校社會工作的焦點一致，它們均強調學生在學校、家庭和社區系統裡的社會功能，也能夠提供學生需求的資訊用以計畫個案管理過程。

社會技巧研判

社會技巧的概念，是適應行為架構的一部分，也是社會功能領域的一部分。社會技巧可被定義為特定、可直接觀察的學生社會行為。社會技巧研判是行為研判的一部分，學校社會工作員普遍均參與其中。這些研判資料在確認必要的介入及服務時特別有用，它們可增進學生的社會能力，而且對某些學生而言，必須含括在個案管理計畫中，成為服務的一部分。應採用適應行為研判或是社會技巧研判的決定，是以學生的特殊環境和研判目的來作專業的判斷。除了適應行為研判之外，學校社會工作實務裡的社會技巧研判也很重要，Cresham 指出：「兒童和青少年因缺乏社會技巧，造成不被同儕接受、在校適應不良的機率高、停學、退學、輟學、犯罪、童年精神錯亂和成年心理健康失調等」（1985, p.181）。為了使有障礙的學生獲得有效的社會技巧，尤其需要主流單位的努力。

社會技巧研判程序一般將社會技巧缺乏分為兩種類型：技巧缺乏和表現能力缺乏（skill deficits and performance deficits）。社會技巧缺乏的學生，是指他們的行為中不具備必要的技巧，無法適當地與同儕互動，或者他們不瞭解特定社會技巧的關鍵表現步驟（ibid., p.183）。社會表現能力缺乏的學生，在他們的行為中具備必要的社會技巧，但是表現的層次無法被接受。

Stephens（1978）將社會技巧整合成四個主要範疇：

1.環境行為，例如處理緊急事件或喜愛環境。
2.人際行為，例如歡迎他人、因應衝突、接受權威。
3.自我相關行為，例如接受結果或者表達感情的行為。
4.任務相關行為，例如提問和回答、表現獨立工作的行為。

上述有組織結構的基模，提出了一個在學校環境中全面的社會技巧研判和介入之架構。社會行為研判（The Social Behavior Assessment）（Stephens 1981）是一項評估工具，它使該方法成為正式的社會技巧研判，並利用教師的評量表來確認需介入的目標社會技巧，以便在個案管理計畫過程中提供有用的資料。

另一個經常用於社會技巧研判的結構程序，是結構學習技巧檢查表（Structured Learning Skill Checklist），它是由Goldstein、Sprafkin、Gershaw和Klein（1980）設計而成。這個檢查表需要教師或其他人填寫，以區別學生在各種社會技巧的相對熟練程度，這張評分表可使用在目標技巧的訓練上。這個工具在確認特殊學生的個案管理計畫需要何種介入（如社會技巧訓練）時也很有用。

家庭研判

　　隨著愈來愈多的教育學者承認兒童的學業表現深受家庭因素的影響，家庭功能領域的研判亦愈形精細。學校社會工作者傳統上是教育團隊的成員，在學校裡負有對兒童的學業表現、潛能和行為方面受家庭因素影響的評估責任。學校社會工作中家庭—學校—社區焦點、兒童在家庭環境裡受影響而改變的細節，一直都是學校社會工作者收集資料的一部分。由於在他們自身的環境中直接觀察兒童和家庭極重要，家庭訪問便成為學校社工所採用的策略之一，該策略在教育學者試圖設計更有效的方法來服務高危險群的學生，並與他們的父母建立合作關係之時，又重新獲得重視。

　　有鑑於在個案管理架構中，研判乃未來計畫的基礎，所以家庭評估的過程亦更為人重視。鼓吹父母親參與學童學業的作法也拓展了其內涵。進一步來說，隨著家庭動力和以家庭為主的介入知識提升，更加精練的家庭研判技巧因而發展成型。功能或機能障礙的家庭系統特性研判提供了重要資訊可用，以確認需要的服務和介入。對於因行為問題而受到學校人員注意的學生而言，家庭功能的研判資料相當重要，它可以清楚、全盤地瞭解學童在校外的經歷，而他／她在家庭系統中的經驗又如何助長了在學校環境中問題行為的發展。傳統上，在學校表現出行為問題的學生，在家也會有某種問題行為的出現。

　　在家庭研判中所收集的資料可用來確認必須在家中執行的服務或者介入，因此，其為個案管理理計畫的一部分。學校社會工作人員可以直接提供這些服務或轉介至其他社區機構、家庭服務機構、心理健康中心或者其他特殊機構。確保家庭與這些機構能有效地聯繫並獲得必要之服務，乃社會工作者之個案管理技巧的另一層面。確認家庭所需服務的研判服務過程相當重要，因為正如 Brown 和 Hays 所指出：「如果家庭是喪失功能和需要支持時，即使學校有再好的特殊方案也可能會失敗」（1986, p.72）。

認同家庭研判的價值以及需要學校和其他服務提供者以家庭為中心的方式遞送服務給身心障礙兒童，這些在 IFSP 中 P. L. 99-457 H 部分的要求中亦特別強調。在這種內涵下，評估是用來確認兒童和家庭的需要。嬰幼兒及家庭的需求及能力是發展 ISFP 的基礎，使家庭本身更有能力去確認及接觸所需的支持及服務。

有許多評估家庭能力與需要的評估工具已發展完成，Dunst、Trivette 和 Deal（1988）提出採用家庭系統研判和介入模型，並發展出許多研判的量表，有助於評估家庭能力和需要的各種層面。例如家庭資源量表、家庭需求量表、家庭支持量表和家庭運作型態量表等，這些工具有助於引導嬰幼兒家庭的評估並不忘確認 IFSP 在發展中所需參考的需求及能力，同時，也成為個案管理早期介入方案的焦點。然而，量表的使用只是一種輔助，無法取代社會工作者和父母親之間以案主為中心、服務為導向的關係。

成功的互動、問題解決研判和介入系統的評價

ASI 是一個新近發展的工具，廣義而言，其目的是為測量社會功能的領域。ASI（Bryce, Piechowski, & Wilson 1990）是一個常模參照工具（norm-referenced instrument），由學校社會工作者

設計，利用生態系統理論取向來評估學生的社會功能。其特點是包含了介入計畫的基本模式來幫助使用評估資料的實務者闡明介入計畫。由於該工具與學校社會工作實務中的家庭—學校—社區焦點一致，所以它被用在這些系統中檢驗學生的社會互動。該量表可歸納為四個主要因素，包括：(1)學校；(2)家庭；(3)社區；(4)人際關係技巧。

學校因素包括學生和校方人員的互動分級，例如教師、校長、導師。家庭因素則檢驗學生和父母、廣義的家庭成員和鄰居的互動。社區因素則檢驗學生的社會參與，在社區中的家庭、家庭的經濟支持和對外交通。人際關係技巧因素則檢驗學生和同儕團體互動的社會技巧等級。利用百分位等級方式，讓學校社會工作人員能把學生功能和標準組相比，概述學生在每一個因素方面的功能等級。雖然這種類型的資料決定方案適用性時相當有用，但是工具的創始人力促學校社會工作人員以更多使用客觀的資料和專業判斷來補充百分位等級的分數。

除了四個主要因素以外，還有四個附加因素：(1)學業表現；(2)自我幫助技巧；(3)自我概念；(4)情緒。常模雖無法將學生在這些因素上的功能分出等級，但關於這些功能領域卻能提出寶貴的描述性資料。

作者建議：ASI分級量表有許多作用，像是確認學生是否符合特殊教育資格、確認學生是否處於危機中等等。假如所收集的資料範圍是評量學生在八個主要因素方面的功能，則該工具也會為發展個案管理計畫提供珍貴的評估資料。強調學生在家庭、學校和社區系統互動研判所產生的資料有助於確認學童現在的能力及需求，也能確認這些系統的特性是否助長了現有的問題。這些資料也有助於確認優先目標、需要的資源、監督進程和評價結果，以及個案管理計畫中所有重要的元素。

結　論

　　從前面的討論中明顯知道，學校社會工作人員在研判不同領域時會採用各種的研判程序。這些程序都是經由精挑細選，以符合施行研判的目的並儘可能地使研判程序個別化。學校社會工作研判的廣大基礎特性衍生出豐富的資料庫，可用來發展個案管理計畫。

　　Weil、Karls 和 Associates（1985）指出每一個主要個案管理功能均需要專門的知識和技術。在學校社會工作實務裡，有效的個案管理研判需要臨床的研判技巧，包括使研判程序符合研判目的的技巧、由多重來源整合研判資料的技巧、使家庭強建的技巧等等。學校社會工作者和其他研究失能兒童的專家，應該總是對堅持不懈爲殘障子女奔走的父母，安撫其挫折、失望和憂傷的情緒，並注意家庭的因應能力。爲實行研判功能及其他個案管理功能所需的高度知識和技巧，證明了研究所水準的學校社工專業訓練是必要的，且均須具備個案管理實務經驗。

　　在有關個案管理的討論中，傳統上提出的另一個問題是誰將擔任個案管理人員的角色？雖然學校社會工作者，並未對在教育背景中的個案管理人員角色有獨特主張，但是它可以理論觀點（生態系統理論）和學校社會工作實務的焦點（家—學校—社區）爲論點，把學校社會工作者放在一個理想位置，以提供個案管理服務。

　　學校社會工作個案管理對教育的獨特貢獻便是確保能以人／

案主為中心的模式，透過多重服務的有效協調達成目標。當提供個案管理服務時，必須以文件說明特殊學生的結果，並透過結果資料證實增進服務的有效性是正當的主張。這是學校社會工作個案管理未來的一個主要挑戰和努力的焦點。

注　釋

1.　While the term "handicapped children" was used in the original law, the 1990 reauthorization of the Education of the Handicapped Act (of which P.L. 94-142 is Part B) has amended this terminology to "children with disabilities." The reauthorized act, P.L. 101-476, has been renamed the Individuals with Disabilities Education Act (IDEA) of 1990.

參考書目

Adams, G. 1984. *Comprehensive Test of Adaptive Behavior*. San Antonio, TX: Psychological Corporation.

Allen-Meares, P. 1987. "Behavioral Disorders: An Empirical Approach for Social Workers in Schools." In *School Social Work Interventions with Behaviorally Disordered Children: Practical Applications of Theory*, J.G. McCullagh, and C.A. McCullagh, editors. Des Moines: Iowa Department of Education.

Allen-Meares, P. and B.A. Lane. 1983. "Assessing the Adaptive Behavior of Children and Youths." *Social Work* 28(4):297–301.

Allen-Meares, P., R.O. Washington, and B.L. Welsh. 1986. *Social Work Services in Schools*. Engelwood Cliffs, NJ: Prentice-Hall.

Anonymous. n.d. *Stay in School Partnership*. New York: Fordham University.

Bailey, D.B. 1989. "Case Management in Early Intervention." *Journal of Early Intervention* 13(2):120–134.

Bishop, K. 1990. "P.L. 99-457: Analysis and Implications for Social Workers." In *School Social Work: Research and Practice Perspectives*, 2nd ed., R. Constable, editor. Chicago: Lyceum.

Brown, C. and S. Hays. 1986. "Family Assessments: A School Social Worker's Tool for Evaluation." *Iowa Journal of School Social Work* 1(1):69–75.

Bryce, M., P. Piechowski, and L. Wilson. 1990. *The Assessing Successful Interactions. Problem-Solving Assessment and Intervention System*. Des Moines: Iowa Department of Education.

Byrne, J., I. Hare, et al. 1977. "The Role of a Social History in Special Education Evaluation." In *School Social Work and P.L. 94-142: The Education for All Handicapped Children Act*, R.J. Anderson, M. Freeman, and R.L. Edwards, editors. Silver Spring, MD: National Association of Social Workers.

Clark, J. 1989. "Iowa Interagency Coordinating Council Training Committee: Social Work Roles and Competencies for Working with Infants and Toddlers." Unpublished manuscript.

Dane E. 1990. *Painful Passages: Working with Children with Learning Disabilities*. Silver Spring, MD: National Association of Social Workers.

Dunst, C., C. Trivette, and A. Deal. 1988. *Enabling and Empowering Families: Principles and Guidelines for Practice*. Cambridge, MA: Brookline Books.

Fiene, J.I. and P. Taylor. 1989. "*Serving Rural Families of Developmentally Disabled Children: A Case Management Model*." Paper presented at the National

Association of Social Workers Meeting of the Profession, San Francisco, CA: October.

Florida Association of Visiting Teachers/School Social Workers. 1988. *The Social History: Best Practice Guidelines for School Social Work Assessments*. Bradenton: Florida Association of Visiting Teachers/School Social Workers.

Gallagher, R., S. Moore, and P. Wells. 1983. *Keystone Adaptive Behavior Profile Manual*. Elkader, IA: Keystone Area Education Agency.

Garland, C., G. Woodruff, and D.M. Buck. June, 1988. *Division for Early Childhood White Paper: Case Management*. Reston, VA: Council For Exceptional Children.

Goldstein, A.P., R.P. Sprafkin, N.J. Gershaw, and P. Klein. 1980. *Skillstreaming the Adolescent: A Structured Approach to Teaching Prosocial Skills*. Champaign, IL: Research Press.

Gresham, F.M. 1985. "Best Practices in Social Skill Training." In *Best Practices in School Psychology*, J. Grimes and A. Thomas, editors. Kent, OH: National Association of School Psychologists.

Grossman, H.J., 1983. *Classification in Mental Retardation*. Washington, D.C.: American Association on Mental Deficiency.

Illinois State Board of Education. 1983. *Pupil Personnel Services Recommended Practices and Procedures Manual: School Social Work*. Springfield, IL: Illinois State Board of Educators.

Lambert, N. 1981. *Diagnostic and Technical Manual: AAMD Adaptive Behavior Scale*, school edition. Monterey, CA: Publishers Test Service.

McDermott, E.E., ed. 1975. *Self Determination in Social Work: A Collection of Essays*. London and Boston: Routledge and Kegan Paul.

Mercer, J. and J. Lewis. 1978. *Adaptive Behavior Inventory for Children*. San Antonio, TX: Psychological Corporation.

Moxley, D.P. 1989. *The Practice of Case Management*. Newbury Park, CA: Sage.

National Association of Social Workers. 1984. *The Social Assessment of the Educationally Handicapped Student*. Silver Spring, MD: NASW.

National Council of State Consultants for School Social Work Services. 1981. "The School Social Work Assessment." *School Social Work Journal* 6(1):51–54.

Reschly, D.J. 1987. *Measurement and Use of Adaptive Behavior*. Tallahassee: Florida Department of Education.

Richmond, M. 1922. *What Is Social Casework?* New York: Russell Sage Foundation.

Roberts-DeGennaro, M. 1987. "Developing Case Management as a Practice Model." *Social Casework* 8(3):466–70.

Smalley, R. 1967. *Theory for Social Work Practice*. New York and London: Columbia University Press.

Smith, A.J. and J.J. Stowitschek. 1989. *C-STARS Interprofessional Case Management Project Resource Directory*. Seattle: University of Washington Center for the Study and Teaching of At-Risk Students.

Sparrow, S.A., D.A. Balla, and D.V. Cicchetti. 1984. *Vineland Adaptive Behavior Scales*. Circle Pines, MN: American Guidance Service.

Stephens, T.M. 1978. *Social Skills in the Classroom*. Columbus, OH: Cedars Press.

————. 1981. *Technical Information: Social Behavior Assessment*. Columbus, OH: Cedars Press.

Weil, M. 1985. "Key Components in Providing Efficient and Effective Services." In *Case Management in Human Service Practice*, M. Weil, J.M. Karls, and Associates, editors. San Francisco: Jossey-Bass.

Weil, M., J.M. Karls, and Associates 1985. *Case Management in Human Service Practice*. San Francisco: Jossey-Bass.

Zipper, I.N., J.K. Nash, et al. 1990. *Proceedings of the Working Conference on Case Management and P.L. 99-457*. Draft. Chapel Hill: University of North Carolina, Frank Porter Graham Child Development Center.

第6章

HIV/AIDS 兒童的照護計畫：家庭觀點

——Marcy Kaplan

◆愛滋病健康照護示範方案
◆面對HIV/AIDS 的挑戰

人類從開始發現到這個世代裡最嚴重的公共健康問題——人類免疫缺乏病毒（即愛滋病病毒）（HIV）和後天免疫不全症候群（俗稱愛滋病）（AIDS）——已經過了二十個年頭，社會工作者必須考慮多重的因素，來描繪這個流行病。雖然 HIV 對於長年用靜脈注射的藥物使用者以及同性戀的衝擊最大，但是流行病學家預料，被傳染的女性、嬰孩、兒童和青少年的數目在九〇年代將急劇增加。因此，必須在家庭的環境去發現感染 HIV 或診斷罹患愛滋病的兒童。

　　美國十三歲以下的兒童已經有二千三百一十五名，被診斷出患有愛滋病（Centers for Disease Control, CDC, personal communication, May 1990）。這個數目並未反映出未接受愛滋病疾病防治中心標準檢驗的大量兒童。在國家層級上，對這群日益擴大的族群提供了下面的原理：發展服務和籌募資金至關重要，而非在問題出現後的危機反應。例如在紐約，極少支援服務提出大量住院病童們的需要，他們無法出院，因為沒有人能夠或願意照顧他們。其他州和社區，則學習到醫療照護、心理健康服務和社區服務的早期計畫十分重要。

　　兒童愛滋病主要影響貧困的人口群。受影響的家庭是缺乏支援系統和因應能力以及貧窮的少數民族成員（Rogers et al. 1987）。這些家庭大多數是失業的，為了生存極依賴公共救助方案，在家庭成員被診斷得了愛滋病前，很有可能就使用了許多的社會公益服務機構（Weiner & Septimus 1991）。當女人和兒童患者數目日益增加時，這個疾病對個別家庭的嚴重打擊變得更明顯，他們之中，少數是因輸血感染 HIV 及愛滋病，其中的三分之一到二分之一的嬰兒經由母親血液感染，出生時便帶有愛滋病（Oleske 1988）。

在成人迅速擴張的個案數裡，愛滋病和藥物濫用幾乎是同義字。兒童罹患HIV和AIDS的原因普遍都和母親或其性伴侶的藥物濫用關聯最大（Seibert et al. 1989）。家庭系統中的AIDS傳染病，經常加速惡化了預先存在的社會解體。家庭的生存能力可能完全粉碎，甚至與HIV診斷有關的烙印，將使家庭籠罩在守密和害怕的陰影下。雖然某些情況下，照護的焦點也許是孩子，但是所有服務都必須以家庭為中心。最終的社會目標也許是要把HIV視之為傳染病的「一般」慢性病，然而，目前這個觀點尚未被社會接受。

由於兒童和青少年得到愛滋病的人數激增，社會工作者提出以前處理健康問題時從未遇過的憂慮。這些議題包括廣泛的法律和道德問題，以及他們和不同文化族群的相互作用，也有涉及HIV帶原者懷孕的議題（Lockhart & Wodarsky 1989）。社會工作者被認為是HIV／愛滋病健康危機的先鋒部隊，他們是計畫制定者、教育者和治療者。社會工作者開始努力增進和提倡外尋靜脈注射癮君子活動，並為同性戀和雙性戀者，增進更安全的性活動。在許多情況下，社會工作者擔任的是無給制的義工，然而其他的健康照護專家卻害怕不慎感染而避之唯恐不及（Shernoff 1990）。

AIDS和HIV感染的人數增加，顯然也須將服務的範圍擴大。持續的照護，必須能夠符合這些人的社會、健康照護和經濟的需求。許多健康照顧專家，包括社會工作者，均強烈的相信為HIV帶原者設計的資源，應該著重在技術熟練的護士和其他的照護選擇，以避免過度的醫院收容。然而，患有HIV的兒童們和他們的父母所需要的資源是讓他們能在自己的家庭環境中，與HIV和愛滋病和平共存。

美國社會工作專業人員協會（NASW）咸認個案管理是較佳的照顧計畫模型及與病患合作的模式，並包含了資源管理和社會心理處遇模式（NASW 1987）。理想上，個案管理應該提供一個綜合的合作方法，從接案開始直到服務不再被需要時——通常發生在病患死亡時。雖然得到HIV的同性戀者和其他的成年人都認同了該模型，但是這個模型須經某種修正後才能夠應用於家庭系統上。染患慢性病的成年人和兒童的個案管理所需服務範圍廣泛，包括財務的服務、健康照顧、住所安置和情感的支持。任何健康照顧系統均須全面整合特殊的醫療、家庭的發展和社會心理需要（Secretary's Work Group 1988）。

愛滋病健康照護示範方案

　　立法者已經意識到，罹患HIV的兒童們及其家庭需要全面的照護系統。在1988年的春季，美國國會透過P. L. 100-202法案提撥四百萬美元，由母子健康局（Maternal and Child Health Bureau, MCHB）的健康和人力資源服務管理中心管理。這筆基金已經以愛滋病健康照護示範方案的形式分發到十八個地區。母子健康局為慢性病孩子們提供一個標題V的健康照顧方案。示範方案的理論根據是要使門診患者和以社區為基礎的環境裡，擴大遞送服務給病人和家庭，以減少醫院收容。另外增進公共和私人之間的合作以及加強志願部門和草根社區組織。示範方案的意圖是為帶有HIV的孩子們，以革新的方法提供服務，並且能夠複製或者應用於美國其他地區。然而，在示範計畫中，透過個案管理系統為母親、嬰兒、兒童和青少年所發展的特殊服務則利用以家庭為中心的社區基礎合作法。示範方案包括下列部分：

1. 個案管理，提供個別化的家庭服務計畫（IFSP），利用自動化的個案管理系統追蹤人口資料。
2. 服務合作，在母親和小兒科中心以及社區基礎機構間，分享協同服務。
3. 社區教育，決定洛杉磯郡中服務供應者的教育和訓練。
4. 資源銀行，創造和定期更新以社區爲基礎的服務。

　　示範方案包括各式各樣的目標和目的。方案中某些部分，專門處理兒童HIV帶原者及其家庭的個案管理和照顧計畫。其他方案活動則支援個案管理層面。

　　爲了實現示範方案的目標，提供以社區爲基礎、以家庭爲中心和多重專業服務是必要的，1987年Surgeon General的研討會中便曾建議這種服務，在1989年的研討會中亦再次強調（U.S. Department of Health & Human Services 1987,1989）。在洛杉磯小兒科愛滋病網絡（LAPAN）開始前，在洛杉磯僅有一個全天候及半全天候的相等社會工作站致力於提供服務給HIV帶原病童。雖然孩子們在五個中心接受了醫療處遇，但是僅僅兩個中心有完整的協同服務團隊駐守，包括內科醫生、護士和社會工作者。LAPAN方案的發展可作爲一種媒介，爲診所提供有社會工作碩士學位的臨床社工到每個治療中心。社會工作者的責任是要對在中心接受HIV相關治療的家庭，提供治療的介入和個案管理，並在ACMS追蹤每個個案。示範方案及ACMS的總部設在洛杉磯兒童醫院，方案中的社會工作人員，在每一個醫院都有住房。如果中心的病患人數符合方案所設定的標準，那麼社會工作個案管理者就會被指派到每個醫療中心擔任全職、兼職或諮詢的工作。

假若醫院的 HIV 及愛滋病計畫尚未建立協同服務團隊與家庭合作，那麼個案管理功能便難以完成，不愉快的工作經驗也會產生。

HIV 兒童的照護計畫

為 HIV 傳染病的家庭所服務的個案管理，需要多元系統的照護計畫。社會工作介入向來都是兒童特殊醫療和發展需要的重要部分。HIV 病童的照顧計畫焦點，是在瞭解整個家庭是否處於感染疾病的危險狀態中。在幫助受愛滋病危機影響的家庭方面，社會工作角色可說是廣大和複雜的。雖然社會工作人員過去十年一直提供愛滋病病人服務，但是在個案管理、方案發展、政策制定和社區外展方面的重要性，卻在近來才受肯定（Wiener & Siegel 1990）。

社會工作原理特別強調，有關案主照護的所有決定均須案主的參與和授權，但是這樣的參與和授權雖然重要，在一個家庭裡可能有幾個人均受感染時，可能很困難。大多數的 HIV 帶原家庭，在診斷前是處於貧困、孤立和無望中，由於種族和文化的因素，使得情況更形複雜。讓案主參與自己的照護對個案管理人員而言似乎是一個無法克服的任務，但是，它的重要性是不可磨滅的。

在創立 LAPAN 以醫院為基礎的方案中，初次造訪這個處遇中心對於照顧計畫的開始階段至關重要。HIV 高危險群病童被轉介入處遇中心有幾個理由：父母親其中之一被診斷出染患 HIV 及愛滋病、在 1985 年前輸過血、有 HIV 疾病的症候群、雙親生活史（一般為藥物濫用或者有多重性伴侶），或者性伴侶的濫交。

社會工作者的社會心理研判和早期介入，是對家庭照顧計畫服務的重要部分。家庭可能需要教育、澄清一般錯誤的資訊。在照顧計畫初期傳播希望給家庭是必要的。在診斷過程初期提供援助，家庭較能從危機中重新振作，接受及面對現實。

透過社會心理研判，社會工作個案管理人員確定每一個家庭的優點和弱點，並評估他們的因應能力，所產生的資料庫提供了發展完整的兒童處遇計畫所必需的資訊。父母和其他照顧者的心理能力評估，經常是指定由醫療照顧體系來做。雖然整個社會心理研判很重要，但是社會工作個案管理人員應該特別注意可利用的財務支援和醫療保險、其他家庭成員的健康狀況、宗教和文化因素等，這些都可能影響處遇決定。

在社會心理研判之後，IFSP便創立了。它從1986年殘障者教育法案中衍生出來，目的是尋求：(1)由多重學科來評估獨特需求及符合需求的服務；(2)由科際整合團隊發展書面的IFSP，包括父母或監護人在內（National Maternal and Child Health Resource Center 1987）。IFSP應該處理家庭認為最重要的需求，包括財務和住所等具體服務。社會工作者經常必須對另一個健康照顧團隊成員，強調家庭本身的優先順位。LAPAN職員說道，在他們試圖對其同僚強調具體需求對許多家庭最重要時，都特別困難。在談到疾病相關問題前，必須先滿足其具體需求。由於HIV問題的複雜本質，IFSP可能需要好幾次的訪談才能完成。

受HIV或者愛滋病所衝擊的家庭，經常會表達許多與疾病有關的疑慮。這些疑慮常陷於危機中，問題的焦點可能在於HIV測試的陽性反應，害怕家庭成員發病、害怕父母親可能死亡、沒有人留下來照顧孩子等。更多的家庭成員診斷出結果後，父母便面臨了必須為受感染和未感染的孩子做出立即照顧決定。與愛滋病兒童的父母合作的 LAPAN 社會工作者和其他的社會工作者發現，要提出有關於父母親死亡的主題並不容易。父母通常在自己的健康惡化前，不太願意主動參與對孩子們的照顧計畫。

雖然在家庭裡，HIV 的直接衝擊是大家關心之事，但是通常反映出家庭生活方式的機能障礙。這成為社會工作個案管理人員整合問題的角色，要從家庭和科際協同的團隊中導引出解決方法。通常，處於 HIV 感染危險狀態的家庭，會以時有時無的態度利用健康照顧系統。定期回到相同的醫療處遇中心，讓他們的孩子得到醫療照顧是一個全新的觀念，特別是處於不確定狀況的孩子。當孩子顯得健康時，父母和其他的照顧者也許不能理解正在進行的評估及監督的重要性。

父母也可能否認有威脅生命的疾病存在。因此，計畫對於孩子的保護安排和持續進行的醫療處遇不可少（Chachkes 1987）。通常這些主題只有在父母顯現出症狀時才會被討論。當兒童被診斷出為 HIV 相關疾病時，要尋找替代家庭（大家庭或是寄養）則難上加難，因此，照護計畫應該儘早展開。父母參與兒童保護安排尤其重要，當父母有能力作決定時，就應開始。若大家庭的成員不願協助，那麼兒童社會福利制度應儘快與照護計畫結合。

此外，社會工作個案管理人員必須與家庭成員建立持續、穩定的治療關係，以增加確實看診的可能性。在對這個處遇中心的初始訪問期間，可以將正在進行的 IFSP 作為將家庭納入照護計畫的工具。

家庭中 HIV 的診斷結果，可能會發現伴侶的性經驗或藥物濫用的問題，嬰兒及兒童的照護計畫更加複雜，因為必須在父母親照顧孩子的責任以及父母親自己的醫療處遇上，兩者間取得平衡。無論感染途徑為何，在孩子診斷出有 HIV 之後，父母親一般會經歷內疚和憤怒的情緒。對母親而言，因自己高危險的行為而把病毒傳給她的孩子，罪惡感可能會更加重。母親對於疑似帶病的性同伴，或者醫院將受感染的血液輸給孩子會感到憤怒。在孩子發病期間，特別是當孩子不配合或父母感覺特別無助時，這種感覺會更強烈。顯然地，在 HIV 診斷之前，家庭功能就已經嚴重失調的話，將被這個新悲劇摧毀得更破碎。對個案管理者而言，其關鍵角色是要幫助這些家庭將重要任務定出優先順位。

對 HIV 和愛滋病的家庭照顧計畫，必須結合種族、宗教和文化問題等敏感因素。例如，在一個孩子的診斷確定之後，父母親會決定中止懷孕並不奇怪。然而，中止懷孕卻有非常深遠的文化涵義。社會工作個案管理人員和其他的醫療專家，在這些問題上，必須要不具個人偏見並以家庭本身的考量來幫助家庭解決問題。簡單地說，社會工作者讓這樣的家庭有能力自己做決定，是一件相當重要的事（Seibert et al. 1989）。社會工作者應該將有效的選擇列出，提供有保證的諮商，以及提供家庭在做選擇時，所需要知道的必要事實。家庭擁有控制權的唯一方法，就是參與決策和照顧計畫（Lewert 1988）。

在 HIV 家庭的照顧計畫中，極為重要的是他們希望診斷結果能夠保密。許多父母為了保守這個秘密，可能需要付出極大的精力和承擔巨大的壓力，並且導致日常生活脫軌。大多數的家庭，擔心將診斷告訴其他的家族成員和朋友時，會遭到羞辱和排斥，這些擔心使家庭壓力更重，且更加孤立。有時，只有當父母發病、家庭也特別脆弱時，家庭才能拒絕公開診斷結果（Wiener & Septimus 1991）。經由 HIV 傳染的途徑，個案管理人員應該輔導家庭成員預期其他人的反應，例如朋友、大家庭的成員和社區機構的反應。它可能是照顧計畫的關鍵部分，以及說明如何提供適當的支持服務。

　　LAPAN 社會工作人員嘗試於小孩在門診期間，透過與父母親的討論，來保持他們的日常活動。並鼓勵父母親讓診斷前的家庭活動能夠繼續。當社區組織機構開始提供暫時照顧和家務服務時，我們在此要提醒社會工作個案管理人員，父母親或者其他的家庭成員會誤以為這些服務是無限期的。

　　過去幾年，與照顧計畫衝突的是──HIV 帶原病童的學校出席率。然而，這個議題似乎已經解決──目前，超過86％的公立學校地區，對感染HIV 的學生已發展出自己的政策（National Maternal and Child Health Resource Center 1990）。我們首要關心的是，這些孩子由於免疫系統惡化，因此對傳染病的感染力增加。照顧計畫必須確保每個孩子都能接受到符合其需要的適當教育，以及必須考慮家庭選擇公開或者拒絕透露HIV 的情勢。透露孩子診斷結果的家庭可能需要多方的支援來順利通過官樣的過程獲得服務。當孩子的醫療環境不佳時，特殊教育課程及家教可能會被視為較適當的選擇，尤其當孩子表現出 HIV 腦髓病變時，照顧計畫必須容許孩子或其他家庭成員醫療情況的改變。

　　某些父母發現，可以安全地和支援團體討論和HIV 病童住在一起的許多複雜和敏感的問題。雖然支援團體和愛滋人口群合作成功性尚待檢驗，但是對某些父母和家庭成員的處遇模式確實是有效的。

兒童在照顧計畫中的參與程度

　　新的治療發展方向，將能使感染HIV 的孩子們活得更久、更長，它意味著科際整合的健康照顧團隊，必須儘可能地使孩子參與在自己的照顧計畫裡。大多數的父母均害怕告訴他們的孩子HIV診斷結果。父母根據相當多的因素來做決定，包括公開後對手足間的可能影響、擔心有關失業或是住所的問題，以及擔憂孩子不能保守秘密等（Olson et al. 1989）。其他因素則包括雙親害怕孩子無力因應、孩子對這個疾病的好奇，以及孩子最好不要知道診斷的名稱（Kaplan 1990）。

社會工作個案管理者，要確保孩子的情感和發展需要能納入照顧計畫裡。對任何人而言，未知的事總是比現實恐怖，並且孩子的想像會比愛滋病本身的事實更壞。適合孩子年齡水準及理解力的誠實答案，可幫助孩子避免將來的問題。個案管理人員應該連續不斷地評估孩子的發展狀況，以決定孩子參與自己照顧的能力。儘管一些父母傾向於告訴孩子社會較可接受的醫療狀況，例如白血病或者血液方面的疾病，但這個方法使一半的真相永遠存疑，也會造成孩子的不信任。

當孩子變得更大些時，必須儘早在診斷過程中和父母討論有關孩子對自身HIV狀況的瞭解，以便為往後的溝通鋪路。例如，應告知父母與三歲的孩子討論病毒的專門知識雖然並不恰當，但和孩子公開討論關於他的一般健康狀態卻很重要。

大多數學齡兒童父母（六到九歲）主要關心的是病名，例如HIV、愛滋病，或者免疫不全等學術用語。許多父母甚至希望醫療團隊討論病毒的專門術語，省略疾病的名字。下面的例子說明了一個母親如何對一個七歲孩子解釋他看診的原因。

孩子：為甚麼每次我到醫院，都必須打針？

母親：我知道你想知道為甚麼必須去醫院並且都要抽血。你抽血是因為你的血出了毛病，使得身體無法和病菌打戰像感冒或出疹子等等。

孩子：為甚麼我必須吃所有的藥？

母親：因為這個病毒會使你更容易得到傳染病，所以這些藥
會幫助你保持健康。

　　孩子的母親可以自由選擇是否將HIV或者愛滋病這類術語放
進一般談話中。然而，不一定要使用專門術語來面對孩子，適合
年齡的適當解釋較為重要。社會工作個案管理人員可以帶領這些
家庭成員，透過這個過程去幫助他們將充分、誠實和適合年齡的
資訊傳達給孩子。刻意的隱瞞只會讓孩子更可能以其他方式發現
自己的診療。在上例中很清楚地知道，如果孩子在九歲時，已經
從他的父母親或是照顧者那兒獲得真實的訊息，那麼他在知道病
名時會較不驚恐。

在照顧計畫中，手足的參與

　　個案管理人員和其他的聯合健康專家，時常忽視在照顧計畫
中要將罹患慢性病童的手足納入其中。他們經常是「被遺忘的一
群」（Brett 1988）。此外，許多家庭選擇不讓所有的兄弟姊妹知道
關於家中有人得病的訊息，這個未被告知的兄弟姊妹可能會有充
滿敵意、憤恨和嫉妒的感覺。雖然得病的孩子其兄弟也可能被懷
疑得到HIV或者愛滋病，但是他們可能也察覺到這個主題是禁忌
並且不能公開討論。

　　由於病童從父母得到特別注意，兄弟也可能怨恨生病的孩
子。兄弟姊妹的壓力可能導引出額外的學校問題、外放行為，和
潛在重度的精神錯亂。個人和家庭諮商可以作為照顧計畫的一部

分，以早期處理這些問題。

在照顧計畫中，社區組織的參與

當HIV相關疾病，被視爲例行常規的慢性醫療問題時，其他的照護選擇也產生時，以社區爲基礎的組織便必須提供整合服務。然而，被診斷疑似HIV的家庭可能無法轉介。個案管理人員必須評估家庭的能力，以進行服務的轉介，特別是如果轉介到不同地區時，更需要如此。有愛滋病的孩子和他們的家庭，需要多元服務，照顧計畫則必須包括特殊教育、保護服務、公共協助以及社區機構所提供的服務。因此，照護計畫必須包括外尋一些有能力並願意爲HIV病童提供服務的機構。通常，個案管理人員藉由幫助家庭滿足其實際需求，如申請醫療補助或者尋找食品銀行（food bank）等，較容易與新家庭建立合作關係，這些家庭可能認爲這樣的援助，比馬上轉介到心理健康服務要來得沒壓力。照顧計畫應該要定期更新，以確保家庭物質和感情的需要被瞭解和滿足。

這已經說明個案管理應該是以社區爲基礎，而非以醫院爲基礎。雖然提供成人愛滋病服務的社區機構，已經能夠滿足小兒科病童的一些需要，但是家庭時常感覺到長年爲慢性病童及其家庭服務的機構還是讓他們感覺較自在（Kaplan 1990）。當要轉介到社區基礎的機構時，家庭不一定會遵行。除此之外，在許多地區，父母對健康照顧團隊的滿意度，比社區基礎服務供應者高了許多。以醫院爲基礎的網絡，像是LAPAN，已經爲HIV病患和他們的家庭提供服務。目前，LAPAN的兩所醫院以相同的設施，對嬰幼兒、兒童和母親提供醫療照顧，雖然這被視爲較好的照顧模型，但是要所有處遇中心都採用這個模型並不實際。因此，和成人愛滋病處遇中心共同提供合作性質的個案管理便相當重要。

除了在LAPAN有兩所醫院提供服務以外，LAPAN也提供為HIV兒童和他們的家庭舉辦集會，以滿足許多複雜的需要。自從1988年8月方案開始之後，每個月都由直接服務提供者到醫院和社區中，與HIV病患討論目前的問題和計畫未來的服務。

面對HIV/AIDS的挑戰

染患HIV的兒童和他們的家庭，需要多元系統的照顧計畫和個案管理。雖然感染HIV的家庭與其他有特殊兒童的家庭同樣有許多典型的需要，但仍存在特別的需要。由於透露HIV狀況時，可能會產生社會烙印和排斥現象，所以必須修改照顧計畫中的方法。HIV家庭的一般照顧系統在九〇年代中期，受HIV感染的女性和小孩達到預期人數前就必須先發展。家庭中心的照顧原理認同家庭單位在兒童生活中的重要性。社會工作技巧和價值的整合，是IFSP一個十分重要的部分。社會工作個案管理人員必須讓家庭單位參與本身的照顧計畫中，雖然避免服務的落差和減少案主障礙是重要目標，但是家庭應該儘可能參與照顧計畫，而社會工作員最主要的角色便是倡導者。非常遺憾的是，多數受HIV衝擊的家庭，有功能障礙而無法在這個過程扮演積極的角色。因此，經由社會心理評估和介入，使家庭自助能力發揮，是相當重要的。

雖然在寄養家庭中安置小孩或者過渡期的照顧是一種保障，

但是只要可能，孩子應該儘量留在他們父母身邊。因此，必須對合格的家庭發展服務，以保持家庭的完整性。一些社會工作者意識到個案管理角色，常有專業上的缺憾，因為焦點經常放在具體需求而非治療的介入上。然而，這個焦點為個案管理人員提供了十分重要的架構，來和家庭建立治療關係，可用以處理情感問題以及提供必需的情感支持。個案管理在 HIV 病童及其家庭的全面管理方面是很重要的，他必須由瞭解具體及情感需求的專家來提供協助。

在 AIDS 持續擴散的同時，社會工作者與 AIDS 病人的合作會愈來愈形重要。研究所的教育和訓練，必須讓這些社會工作的學生準備專攻為這些案主提供服務，當九〇年代「第二波」（second wave）愛滋病潮衝擊孩子們和他們的家庭時，社會工作者必須願意學習關於 HIV 疾病的基本事實，也必須準備好面對在個人、社區和政策層次上 HIV 和 AIDS 的挑戰。

參考書目

Brett, K.M. 1988. "Sibling Response to Chronic Childhood Disorders: Research Perspectives and Practice Implications." *Issues in Contemporary Pediatric Nursing* 11:43–53.

Chachkes, E. 1987. "Women and Children with AIDS." Pp. 51–64 in *Responding to AIDS: Psychosocial initiatives*, C.G. Leukfield and M. Fibres M., editors. Silver Spring, MD: National Association of Social Workers.

Kaplan, M.E. 1990. "Psychosocial Issues of Children and Families with HIV/AIDS." Pp. 139–49 in *Productive Living Strategies for People with AIDS*, Binghamton, NY: Haworth Press.

Lewert, G. 1988. "Children and AIDS." *Journal of Contemporary Social Work*, 348–51.

Lockhart, L.L. and J.S. Wodarski. 1989. "Facing the Unknown: Children and Adolescents with AIDS." *Social Work* 34:215–21.

NASW. 1987. *Social Work Policy Statement*. Silver Spring, MD: National Association of Social Workers.

National Maternal and Child Health Resource Center. 1987. *Case Management for Mothers and Children*. Iowa City: University of Iowa.

———. *HIV Positive Children in School: Legal Issues*. Iowa City, IA: University of Iowa, 1990.

Oleske, J. 1988. "Clinical Lessons from the New Jersey Experience." Pp. 232–35 in *AIDS in Children, Adolescents and Heterosexual Adults*, R. Schinazi and A.J. Nahmias, editors. New York: Elsevier.

Olson, R.A., H.C. Huszti, P.J. Mason, and J.M. Seibert. 1989. "Pediatric AIDS/HIV Infection: An Emerging Challenge to Pediatric Psychology." *Journal of Pediatric Psychology* 14(1):1–21.

Rogers, M.P., P.A. Thomas, E.T. Starcher, M.C. Noa, T.J. Bush, and H.W. Jaffe. 1987. "Acquired Immune Deficiency in Children: Report of the Centers for Disease Control National Surveillance, 1982–1985." *Pediatrics* 79:1008–14.

Secretary's Work Group. 1988. "Pediatric HIV Infection and Disease." In *Core Issues and Recommendations*, Vol. 27. Washington, D.C.: Department of Health and Human Services, U.S. Government Printing Office.

Seibert, J.M., A. Garcia, M. Kaplan, and A. Septimus. 1989. "Three Model Pediatric AIDS Programs: Meeting the Needs of Children, Families, and Communities." Pp. 25–60 in *Children, Adolescents and AIDS*, J.M. Seibert and R.A. Olson, editors. Omaha: University of Nebraska Press.

Shernoff, M. 1990. "Why Every Social Worker Should Be Challenged by AIDS." *Social Work* 35:5–8.

U.S. Department of Health and Human Services, Public Health Service. 1987. *Surgeon General's Workshop Proceedings*. Washington, D.C.: U.S. Government Printing Office.

———. 1989. *Surgeon General's Follow-up Workshop Proceedings*. Washington, D.C.: USGPO.

Wiener, L. and A. Septimus. 1991. "Psychosocial Considerations and Support for the Child and Family." Pp. 577–94 in *Pediatric AIDS: The Challenge of HIV Infection in Infants, Children, and Adolescents*, P.A. Pizzo and C. Wilfert, editors. Baltimore, MD: Williams & Wilkins.

Wiener, L.S. and K. Siegel. 1990. "Social Workers Comment on Providing Services to AIDS Patients." *Social Work* 35:18–25.

第7章

連結發展障礙案主與所需資源：成人保護服務個案管理

——Kenneth Kaplan

◆馬利蘭州的發展障礙人口群

◆馬利蘭州的成人保護服務任務

◆連結發展障礙成人與社區資源

◆成人寄養照顧：核心資源

◆成功的連結：個案實例

就像為具有特殊需要的發展障礙案主服務的個案管理人員，成人保護服務（Adult Protective Services, APS）的工作人員在公立社會服務機構中扮演數種角色，例如，APS 工作人員扮演為案主爭取利益的調查員、研究者、保護者和安置的協調者。個案管理人員有一個很重要的功能，就是把案主與所需的社區資源連結起來。這項功能，已應用在馬利蘭州（Maryland）發展障礙成人計畫中，此乃本章中所要探討的重點。

馬利蘭州的發展障礙人口群

所謂發展障礙是指一個人：「具有身心障礙的狀況之一，在童年時發生，與不正常的大腦結構、成熟度和功能有直接相關，並導致兒童不正常的發展」（O'Hara 1980, p.3）。這些障礙包括腦性麻痺（cerebral palsy）、智能不足（mental retardation）、癲癇（epilepsy）、自閉症（autism）、學習障礙（learning disabilities），和其他妨礙正常童年發展的神經狀況。

儘管這些狀況通常是指有發展障礙的成人或是疑似遭受虐待、棄養、剝削等在馬利蘭州的 APS 方案範圍內的成人，但也並非所有發展障礙的成人都被視為是脆弱的，由馬利蘭州法律定義的發展障礙成人是：「缺乏成人身心能力，而無法供給成人日常的需求」〔Sec. 14-101 (Q), Family Law Article, 1985 Maryland Code〕。許多發展障礙的成人，像是中度智障者（mildly retarded），能夠完成他們日常生活的活動，此外，根據馬利蘭州健康總法（the Maryland Health General Law）〔Sec. 7-1005 (B), 1982〕，規定任何宣稱虐待、忽視，或是在合格機構內被發現的自棄個案（例如獲得許可的中途之家），將由管區警察以及馬利蘭州發展障礙管理局的人員（the state Developmental Disabilities Administration）調查及管理。因此，馬利蘭州的APS工作人員在介入發展障礙成人服務時須知，這些成人必須被視為「脆弱的」（vulnerable），並且必須是居住在州政府發未發給許可的單位，例如成年人自己在社區中的家。

馬利蘭州的成人保護服務任務

馬利蘭州人力資源的成年服務計畫（The Adult Services Program of the Maryland Department of Human Resources）、社會服務管理局（Social Services Administration），負責調查聲稱遭虐待、棄養、剝削或者自棄者，且居住在非州政府許可的機構中，脆弱的十八歲以上的成年人。這些報告轉介給當地社會服務部門的人員和社會工作者調查。如果調查結果是肯定的，則社會工作者將發展服務計畫以使案主受到的危險和危害減到最少，計畫包括「所需服務種類的判定，由當地社會服務部門或其他來源所提供服務的說明、服務的目標，和達成目標時間的推估」（Sec. 01-14 of the Maryland Code, 1980）。

由當地社會服務部門或社區中其他來源提供的服務，一般包括：健康服務、心理健康諮商、家庭照顧、家務服務、交通、緊急食物供應和庇護所、法規上的協助以及其他服務，以社區的供應能力而定。這些服務可以單獨被採用，也可以結合在一起，對APS工作人員而言，其責任就是連結案主和必需資源，以減少案主的危機和增進其福祉。為了成功連結，這些服務必須適當且是

APS 工作人員可立即獲得。

連結發展障礙成人與社區資源

在馬利蘭州 Anne Arundel 郡的社區資源，對於 APS 個案管理者在對發展障礙案主增強自我能力以及降低危機時特別重要。傳統上，這些 APS 的案主需要的社區資源是多量且多樣的。個案管理人員首要的連結功能即調查和對疑似遭虐待、棄養、自棄或者遭剝削的成人作出回應，並利用社區資源來除去案主的危機和防止危機情況的復發。就這個結果來說，APS 工作人員必須儘可能地瞭解可以幫助案主的每一個社區資源，例如，因為任何時候都可能發生發展障礙成人遭虐待或者棄養的緊急事件報告，APS 工作人員必須預先知道每個潛在資源的功能、資源可利用的時段、資源的地點、資源可供協助的程度和範圍，以及關於資源可協助案主的所有資訊。APS 工作人員必須保存一份關於社區資源現行且容易取得的資料檔案。

但是常常因為社區資源的不足或者缺乏，APS 工作人員以及相關機構，必須為案主們創造資源。例如，為了應付緊急事件的需要，Anne Arundel 郡中的 APS 工作人員發展了機構食品櫃（agency food closets），以及培養成人寄養家庭（adult foster home）提供緊急事件的床位。其他經常使用的重要資源，包括食物儲藏櫃（food pantries）、食物運送到家服務（home-delivered meals）、暫時團體庇護所（temporary group shelters）、醫療服務、成人日間照顧中心、工作訓練（job training），以及傳統的地區職業復健部門等等服務的提供，APS 工作人員須整合這些資源來幫助案主。

　　除了對資源的創造和瞭解以外，APS 工作者也經常對案主倡導新的資源。在一個公共機構中，這樣的倡導要遵照指揮系統的指示，督導人員在探索發展所需資源之前，須預先通知最高的主管行政單位。

　　其他相關的連結技巧也是十分重要的，APS 工作人員必須有能力決定案主何時不再需要與資源連結。APS 個案管理人員必須決定案主的優點和弱點，並小心地監督案主已經連結的資源之運作。個案管理人員必須謹記的目標是讓案主獲得最大的自我滿足以及最少的資源運用。在案主成長的過程中，經常包含著讓案主對資源的使用「斷奶」（放棄），個案管理者和案主共同決定一組時間表，來減少和消除資源的使用。在這組時間表結束之前，APS 工作人員和案主將一起決定，是否能按照進度減少資源的使用或者徹底地去除資源的使用。

　　發展障礙者或者APS 案主，大都是單獨居住並且需要由社會服務部門提供在宅服務。傳統上，助理（aide）將協助和指導案主處理有關清潔、購物、金錢管理等技能，並且可以在極少援助或是能單獨完成這些任務的目標下，促使案主獨立。在這種情況下，APS 的工作人員、案主和助理，將決定一段成長期間，並監控案主的進步。在這時期結束時，APS 工作人員將測驗案主的成長，並且案主和APS 工作人員將一起決定何時中止或者再繼續延長助理的任用。在許多個案中，案主能在這一段期間內完成一個目標，在助理的協助下，也準備好進行另一個目標。例如，在六個月內，案主將能達到其最大能力來打掃家裡，以及接著準備學習到商店購物。在這段過程期間，APS 工作人員必須瞭解一些因素，像是案主完成任務的能力、案主對於改變的態度、助理和案主的工作時數等,以減少或「切斷」案主使用在宅服務的助理。

成人寄養照顧:核心資源

　　雖然許多的資源,對滿足發展障礙成人的需求方面相當重要,但是在Anne Arundel郡中,所需要連結的最重要的資源則非成年人的寄養照顧莫屬。Anne Arundel郡於1979年,即開始成人寄養照顧方案,為郡中無家可歸的成年人,提供短期居住服務以及照顧,這個資源證實了它對APS工作人員是極有價值的。在方案中,社區中的成人開放他們自己的家,提供給無法進入公共機構安置,也不能靠自己生活的發展障礙成人居住。案主被安置在照顧者的家中,提供房間、伙食和家庭的氣氛,費用由案主的收入以及郡每月所發給的補助金支付。此外,安置在家庭中的案主,每個月都從這筆基金中得到一定金額的個人零用金。照顧者最多能夠在他們的家裡,接受三個案主,也必須具有當地衛生和消防局的安全合格證明。此外,照顧者能夠決定接受哪一些案主,例如男性或者女性、吸煙者或不抽煙者、特殊年齡族群,或是特定障礙族群,照顧者也要經常接受有關其所照顧族群類別的相關訓練。

　　成人寄養照顧方案是APS個案管理者在安置發展障礙案主時,一個非常核心的方法,特別是在緊急狀況下,而發展障礙者並不適合安置在公共機構中的時候,最為有用。近年來,Anne Arundel郡已經將許多遭受虐待或者棄養的案主,安置在寄養照顧裡,在新的環境中生活。為了確保成功連結該資源,APS工作人員必須定期與負責成人寄養照顧的工作人員討論，以獲得相關資訊和目前有空缺的名單，例如哪些家庭可以接受坐輪椅的案主。此外，APS工作人員也要訪問閒置的照顧家庭，和這些照顧者談一談APS計畫以及與成人寄養照顧合作，並進一步的評估這些照顧者的優點和缺點。APS工作人員能在安置案主之前，獲得有關寄養家庭相關的資訊越多，則「速配」（match）的成功率越高。要能成功，APS工作人員不僅必須有一份正確的寄養家庭閒置名單，更要儘可能取得關於這個家庭和照顧者更多的資訊。

　　一旦安置之後，APS工作人員必須仔細地監督案主在新生活中的進步情形。為了要能得到最成功的安置，APS工作人員應該定期和照顧者以及案主會面，特別是在安置之後，更需要立即地與經常地訪問這個家庭與案主。在安置後的首次訪談中，工作人員、照顧者與案主應該一起討論家庭規則、安置期間案主和照顧者彼此間的期望、APS工作人員和照顧者將幫助案主達到短期和長期的目標。在結案時，Anne Arundel郡的APS工作人員使用的服務同意書，稱為「三方同意書」（Three-way agreement）。同意書中關於案主安置的資訊大綱，是由安置在寄養服務中的案主、照顧者和APS工作人員共同簽署同意，並且以六個月為基礎，評估安置期間案主的適應和進步情況。然而，在安置期間的任何時候，如果意外情況出現，經由照顧者、案主和APS工作人員同意修訂時，這份同意書是可以修正。例如，如果安置中的案主生病必須吃藥，這份同意書可以修正為包括監督醫療時程、告知看診時間，必要時，也可以幫助案主一起進行醫療計畫。

　　有時，案主與寄養家庭的連結並不成功，可能是由於案主或照顧者不滿意安置中的某些爭端。在決定爭端是否能解決之後，APS工作人員可以把案主重新安置於另一個寄養家庭。當然，安置之後不久，必須再一次簽訂新的「三方同意書」，且APS工作人員必須發展新的策略，以防止以前不成功的經驗再次出現。

成功的連結：個案實例

下面的個案是描述馬利蘭州的APS工作人員，成功連結脆弱的發展障礙案主與社區資源的實例。透過這些例子，讀者可以對於APS工作人員的連結方法以及減少案主危機的過程有更進一步的瞭解。

緊急狀況下的連結

保羅，二十歲，他的鄰居打電話通報，保羅父親有疑似棄養保羅的情形發生。這個鄰居說，保羅有重度智障，單獨與酗酒的父親住在一起，此外，鄰居認為保羅的父親在過去二天醉得非常厲害，並且屢次聽到保羅的尖叫聲。鄰居進一步說明，保羅是在六個月前搬到 Anne Arundel 郡，保羅是這個家庭中唯一的孩子，母親在三星期前就搬離開這個家，和住在這個地區的姊妹住在一起。鄰居認為保羅的家「非常髒亂」，也認為保羅沒有上學或參與任何日間照顧計畫。

基於這些通報的資訊，個案立即被指派調查。因為根據馬利蘭州的法律，保羅極可能是被棄養的發展障礙成人個案。就在同一天，APS工作人員立到保羅的家中拜訪，當時從喬治（保羅的父親）的呼吸中也能聞到酒味，但是，喬治沒顯得很醉的樣子。這個家極為破舊，沒有自來水（喬治解釋是管子破了），前院堆滿了舊輪胎、生鏽的金屬和舊報紙。家裡的紙盒子堆積如山，看起來像是從未清潔過的樣子。保羅穿著舊的衣服、坐在鄰近的椅子上，在會談期間沒有說話，但是有給工作人員展示一支破舊的鉛筆。只要工作人員告訴保羅看到這個支鉛筆了，保羅就會放下，然後在短時期以後又會重複這個過程。

喬治對APS工作人員解釋，他們是在六個月前由聖路易搬來的，他和保羅的母親不久前離婚。他說他不能也不想要照顧保羅，因為他想要搬回聖路易與他的兄弟住在一起。他要求APS工作人員帶走保羅，也給了工作人員保羅母親的地址和電話號碼，並說：「也許她會照顧他」。

APS工作人員到保羅母親住的地方，和他的母親接觸並解釋這個狀況。母親告訴APS工作人員，保羅可以和她住幾天，但是無法長期地照顧保羅，她說保羅已經被診斷為智能障礙，需要幫他洗澡並且沒辦法為自己煮飯。雖然保羅的母親表達關心，但是她覺得無法全時間地照顧他。她說她和保羅的父親剛剛離婚，而且她「需要時間找工作和創造自己新的生活」。

在這個情況下，APS工作人員決定把保羅與幾個資源連結起來，並且決定「連結順位」（linking priorities）。首先，她要把她的案主與最重要的資源連結起來，一個僅居住幾天的地方。這第一步的動作減少了案主的危險，尤其在APS工作人員將他移往比較新、比較乾淨的阿姨家，保羅的母親和阿姨對保羅也較為熟悉，也減少因與父親和自家分離的衝擊。同時也因為母親對於保羅表達了關心，所以當APS工作人員在為保羅連結其他資源時，能獲得她的援助。

APS工作人員在成人寄養照顧家庭等待名單中，發現有一個家庭願意與發展障礙的案主合作。在證實以後，工作人員打電話和這個照顧者討論保羅的情況,當照顧者表明她可以安置保羅後,APS工作人員在安置後的幾天,訪問他的母親和照顧者。

安置後的第一個月,APS工作人員每週打三次電話,向照顧者查詢保羅的情形。此外,她每兩個月訪問這個家庭一次。照顧者沒有報告任何重要的問題需要處理,保羅也適應得很好,在安置期中也有成長。APS工作人員也開始連結其他資源。首先,她安排保羅接受完整的身體和心理檢查,以評估目前的功能水準。檢查報告顯示保羅身體功能良好,中度智障但是接近重度的範圍。此外,保羅白天開始固定地出席專門幫助發展阻礙案主的成人日間照顧中心(adult day center)。在那裡,他學習製造產品的技術,並讓中心來販售。

保羅繼續在安置中表現良好。雖然他的父親沒意願聯絡,但是APS工作人員每月一次訪問他和他的母親。保羅喜歡且期望每天到成人日間照顧中心,此外,也學習給自己穿上外套。同樣地,保羅也幫照顧者清潔房子,陪照顧者到商店買東西。

這個例子說明,APS工作人員需要在緊急事件期間,使用適當的資源。在這個例子中,工作人員為遭受棄養和可能無家可歸的成年人提供適當協助。然而,她卻能為她的案主連結必要的資源。最後的連結應該是保羅在母親的新家和母親重新團圓。那時,APS才能夠視為成功的案例而結案。

提供自我滿足和「切斷連結」的連結

貝蒂年約五十五歲,中度發展阻礙,貝蒂因她隔壁的鄰居打電話通報而被APS所注意。根據鄰居的說法,前一天晚上貝蒂告訴她,葛瑞絲(和貝蒂住在一起的女人)總是粗手粗腳地對待她，總是大聲叫罵她，最近某些情況還威脅要打她。貝蒂請求鄰居：「幫我盡早搬離開這裡」，並且說她害怕葛瑞絲。這個鄰居更進一步指出，貝蒂有糖尿病但能自己施打胰島素，貝蒂有個成年的兒子偶爾會來看她，鄰居指出在最近有幾次，聽起來像是貝蒂和葛瑞絲之間在大聲爭吵。她說葛瑞絲年紀大約五十歲，有酗酒的習慣，幫貝蒂取藥、煮菜、運送和家庭雜務等工作。

雖然根據這個鄰居的陳述，貝蒂能完成日常生活的多數活動，但基於收到的資訊，貝蒂似乎也符合脆弱成人的定義。APS接受了這個個案，並且在當天訪問了這個家庭。

APS工作人員單獨地和貝蒂會面，然後一起與貝蒂和葛瑞絲會談。工作人員得知貝蒂和葛瑞絲一起住在屬於葛瑞絲的家中約三年，她是貝蒂兒子很久以前的朋友。貝蒂抱怨葛瑞絲不打掃她的房間，最近在她的男友家中停留得太晚，她更進一步說她和葛瑞絲從未相處融洽，而且「也喝得太多」，她要求APS工作人員幫她搬到自己的公寓。葛瑞絲否認酗酒，而且說她讓貝蒂住是給她兒子面子。然而，葛瑞絲告訴APS工作人員她和貝蒂戰鬥了三年，她想要貝蒂盡早地搬出去──「在她讓我瘋掉以前」。她否認曾打過貝蒂，但是承認「如果她繼續在這裡，那我可能就會做了」。APS工作人員認為貝蒂沒有立即的危險，決定進一步收集關於貝蒂的資料，在持續運作的基礎下來幫助貝蒂離開這個家。

在這種情況下，APS工作人員面對的首要議題，是調解貝蒂和葛瑞絲之間爭吵的可能性，把貝蒂先留在葛瑞絲的家，再連結社區資源。例如對兩者或其中的一個人進行諮商、個別的溝通、個人照顧或者任何必要的協助。另一方面，兩個女人都要求援助，來幫助貝蒂離開這個家。因此，在這個例子中，是屬於非緊急事件，工作人員需要收集重要資訊，以評估她所要連結的焦點或目標。

在接下來的兩星期，APS工作人員和貝蒂的兒子、貝蒂的醫生訪談，也去拜訪貝蒂和葛瑞絲的家幾次。她收集所有資訊以後，結論是貝蒂應該搬走，如同當初要求的那樣。但是，能如她所希望的，貝蒂能夠在自己的公寓中管理自己嗎？或者應該把貝蒂和團體之家（group home）或成人寄養照顧（adult foster care）連結起來嗎？為了回答這個問題，APS工作人員為貝蒂安排心理測驗。貝蒂極為合作，因為她感覺到這是搬出去的一個步驟。檢查結果顯示貝蒂是輕度智障，稍稍跨越中度的範圍。貝蒂的內科醫生和心理醫生相信，貝蒂能夠以適當的支援，保持自己公寓的清潔和煮飯、定期就醫和每日施打胰島素。

經由上面的資料，APS工作人員準備連結貝蒂和她自己的公寓，但是這樣的作法僅在有適當支援時，才可能那麼做。工作人員從貝蒂的兒子口中知道，貝蒂曾經在他的安排下，列名在郡的老人或身心障礙者之家的等待名單中。這個居住之家對貝蒂是理想的，因為這些單位包括部分的支援，並且工作人員感覺如果能夠在那裡安置貝蒂，則她能連結她所需要的所有社區支持。

自從第一次訪視以來，APS工作人員注意到，貝蒂對搬家變得更堅持並且威脅如果沒為她找到公寓，她將「搬到另一州去」。此外，葛瑞絲開始威脅，如果不久的將來貝蒂沒有重新安排，葛瑞絲將「把她丟到街上去」。工作人員在和住所相關當局工作人員討論貝蒂的情況後，知道任何案主如果是無家可歸或是有變得無家可歸的立即危險時，將會在等候名單上列為優先。行政當局的工作人員認為貝蒂可以在名單中列為優先，因此決定貝蒂能在十天後搬到公寓裡。

這個計畫讓APS工作人員能為貝蒂妥善安排需要的資源。

貝蒂和葛瑞絲兩人都很感激這個計畫，貝蒂的兒子找了一些朋友，在當天搬家時幫忙。工作人員和行政當局工作人員安排了在她搬家後數日，每日均探訪她，如果貝蒂以後適應良好，將會逐漸減少次數。此外，她為貝蒂連結了「社會服務部門」人員的在宅服務助理，幫助她做飯、煮菜、清掃房屋和到商店買東西。如果必要，她也為貝蒂安排一星期三天到成人日間照顧中心，那兒有全天候的護士監督貝蒂的健康和協助施打胰島素。最後，APS工作人員協助貝蒂安排與內科醫生會面時的交通。

目前，貝蒂住在她的公寓中已經一年多了，她適應得很好，並且所有的支援都方便易得，雖然她的家務助理準備把她的服務從每週一次減少到兩個月一次。因為貝蒂已經學會煮菜和打掃房間，但是仍需要陪伴著到商店去購物。自從貝蒂第一次搬家後，貝蒂的兒子都會定期在週末探訪他的母親。因為貝蒂已經「在危機之外」（out of risk）一段時間，因此，APS工作人員準備結案，並且繼續由成人服務的個案管理者來接手。

這個個案的例子說明了由APS工作人員為處於自棄或無家可歸，和可能被虐待但是沒有立即實質危險的案主所做的連結。APS工作人員決定了對案主最適當的環境，案主能達到最大的自我滿足和成長，並且能連結案主與安置的地方。這不是緊急情況，所以允許工作人員在安排好搬家前，先支持貝蒂的需要。貝蒂這個個案每隔六個月，就須再進行評估一次。貝蒂的持續成長，最終將允許她和家庭助理「切斷連結」（unlinked），並發展她自己的其他支援。

從非緊急事件轉變成緊急事件的連結情況

　　瑪麗，二十歲，是家中的獨女，來到 APS 是因為她的母親愛麗絲打電話來尋求援助。愛麗絲解釋瑪麗是癲癇症患者，但她不吃醫生所開的藥，因而一週發作二、三次。此外，愛麗絲說瑪麗部分時間和她住，部分時間和她的男友住，而他時常會虐待瑪麗。她補充說，瑪麗有一個孩子，她兩年前放棄養育孩子，並且這孩子的父親也會虐待瑪麗，但他離開了這個地區。此外，她說瑪麗有長期酗酒問題、似乎有憂鬱症，時常不能也不願意完成她日常生活的活動。例如，愛麗絲說瑪麗「直到中午才起床」、經常數日不洗澡或者換衣服。瑪麗有固定的醫生看她的癲癇，但是不接受他的勸告或者服藥。愛麗絲說 APS 是她最後的希望，如果瑪麗不改變自身的行為，她將強迫瑪麗離開她的家。

　　APS 決定接受調查這個自我忽視個案，因為從瑪麗母親的描述看來，符合在法律所定義之脆弱的成人。當 APS 工作人員訪問瑪麗時，工作人員注意到瑪麗的確非常沮喪，經常以單調的語氣說話，也認為生命沒有意義。但是，瑪麗也對母親表示相當的憤怒，她指責母親「試圖控制我的生活」。她說明她有時忘記服藥，但是隨後補充說「結果沒那麼壞」。瑪麗對 APS 工作人員說，她男朋友大多數時間對她不錯，但是，當他一喝酒時就會打她。另一方面，瑪麗說：「我也許就是該被打」。瑪麗雖然喜歡與 APS 工作人員談話，但是她感覺沒有人能幫助她，除非她的母親能「別管我」。雖然很勉強，但是瑪麗答應再次去看工作人員。

　　在評估這個狀況後，APS 工作人員為瑪麗和她母親發展了一個計畫。她認為有大量問題圍繞在瑪麗的憂鬱狀況以及瑪麗和愛麗絲之間的關係上,目前的關係是現存的危機。在獲得瑪麗的允許之後,她與瑪麗的醫生接觸,他表示瑪麗有憂鬱症,並告知工作人員如果瑪麗沒定時服藥,她的病可能變得更嚴重。工作人員決定第一步就是安排瑪麗作心理測驗。瑪麗一開始沒有同意,爭辯說其實需要心理測驗的人是她是母親。然而,在瑪麗信任APS工作人員後,知道這個測驗是幫助她以及她母親必要的第一步。工作人員也發現自從第一次訪視以後,瑪麗已定時服藥,大約三星期之後,瑪麗也作了心理測驗。

這顯示在三星期以後,瑪麗才開始信任工作人員,認為她有能力幫助她,並且順從工作人員關於服藥以及接受心理測驗的建議。同樣地,瑪麗和愛麗絲報告,自從工作人員開始訪視之後,瑪麗僅僅偶爾去看她的男朋友,也沒有酗酒或者身體虐待的事情發生。

APS工作人員能確保從州立的APS基金中,付費給心理測驗的私人心理學家,這是瑪麗和其他案主成功連結某些服務的一個重要因素。

瑪麗的心理評估,透露她是中度到重度的「邊緣型人格違常」(borderline personality disorder)。這項評估提到,在瑪麗和她母親之間,存在著一個功能障礙關係,愛麗絲實際上盡力破壞瑪麗獨立的企圖。心理學家建議瑪麗立即開始個別諮商,愛麗絲在稍後也必須成為諮商的一部分。瑪麗說她和心理學家的關係是自在的,並且同意立即開始治療。

瑪麗在短時間內就開始了治療,但瑪麗和她母親之間的事情則開始惡化。瑪麗向APS工作人員報告說,她的母親抗拒輔導而且又開始「控制我的生活」。她報告每天和愛麗絲之間的爭執,最近也威脅要將瑪麗趕出家門。這些威脅在幾天以後成眞，愛麗絲在瑪麗參加夜晚聚會後，趕瑪麗離開家，讓瑪麗無家可歸，於是她到社會服務局求助。瑪麗解釋說：「每個人都喝了酒」，其中一個人與她調情，她男友的一位朋友很氣憤，兩人大打出手，然後開槍射中對方的大腿。之後，警察來到愛麗絲的家詢問這件事，愛麗絲開始發飆，叫瑪麗離開這個家。

APS 工作人員申請地區的緊急事件基金（locate emergency funds），把瑪麗安置在當地汽車旅館兩個星期。此外，工作人員認爲維持瑪麗的治療以及連結其他必需的資源，也是相當重要的。首先，工作人員接觸「馬利蘭州癲癇基金」（the Maryland Epilepsy Foundation），它同意提供瑪麗交通、諮商和其他關於癲癇的醫療和教育費用。再者，工作人員接觸職業重健局（the Department of Vocational Rehabilitation），同意對瑪麗進行工作訓練，並得到和她的學歷一般等價的工作待遇。最後，工作人員和成人社會心理居住中心（adult psychosocial residential center）的人員商談，同意瑪麗定期接受他們的日間照顧，並且把她的名字放在他們的居住安置等待名單當中。瑪麗的所有這些服務，始終都保持進行中。

APS 工作人員定期訪視瑪麗和她的母親，瑪麗住在汽車旅館一星期後，回到她母親的家，因爲愛麗絲要求她回來，而瑪麗也同意了。瑪麗告知了母親和工作人員，她和男朋友「吹了」，而他也離開該州。

不久之後，APS 工作人員成功地聚集了所有與瑪麗連結的資源代表，討論各自在協助瑪麗時，其所扮演的角色和照顧功能。在會議中，居住中心的代表宣稱瑪麗立即能搬到他們的公寓中，他們的諮商者會採取個案管理。所以在瑪麗搬到公寓後幾天，APS 工作人員就準備結案了。

最近，APS 工作人員接到瑪麗感謝工作人員幫助的電話。瑪麗居住在這個住宅中心大約一年，並且很遵從醫囑，獲得特許開始做兼差的工作，她也和她的母親彼此更加瞭解，並且比較不依賴母親，母親也在她的成長中支持她。

這個個案清楚顯示APS 的工作人員必須在緊急事件和非緊急事件的基礎上，把他們的案主與需要的資源連結起來。當緊急事件和非緊急事件的資源，對案主都很需要時，多數 APS 個案的連結模式，通常先是把案主從危機中移開，隨後連結個案與非緊急事件資源（例如選擇醫生）。然而，在瑪麗的個案中，工作人員變成以緊急事件的基礎，來連結非緊急事件的需要。甚至當案主不處於立即的危險中，APS 工作人員也要協調這兩個方向，以預期可能緊急事件的發生，如此案主才能夠被安善保護。

瑪麗個案的 APS 工作人員在緊急事件中，能迅速運用緊急事件基金，將案主安置在汽車旅館內。若有緊急事件發生，則瑪麗發生緊急事件的歷史和她與母親的脆弱關係，不失為工作人員在考慮和適當資源連結的因素之一。同樣地，在這種情況下，APS 工作人員決定，和瑪麗的每一個資源代表討論連結的問題，使案主能被安置在住宅中心和提供個案管理。瑪麗在自己的需求以及和她母親的關係都有改善，而這個成功的介入和連結的都是她的 APS 工作人員努力的結果。

成功連結的策略

要能為發展障礙和其他 APS 案主成功地連結資源，需要一些策略，APS 工作人員必須對資源有所瞭解以及預期緊急事件、發展資源、協調連結的資源,而且能夠改變資源的能力。

■對資源有所瞭解

因為連結可能在緊急狀況下發生,所以對可用和潛在資源的全盤瞭解,是成功連結的核心。APS工作人員應該保存時常更新的社區資源檔案,儘可能地記錄每一個個別資源。再者,工作人員應該儘可能訪視資源,熟悉他們的人員,觀察第一手的資源。而且,工作人員應該定期接觸每一個資源,檢查服務提供可能產生的變化。

■預期緊急事件

APS工作人員應該特別注意緊急狀況時可利用的資源。特殊類型的緊急事件的介入策略,應該是APS工作人員訓練的一個部分,因為特殊緊急事件的適當社區資源,應該被APS單位所討論到。另外,APS工作人員必須注意他們個案負荷裡的特殊個案,思考案主過去需要連結緊急資源的經驗而可能引發的緊急狀況,如果APS工作人員覺得個案可能「發生狀況」,藉由在資源上的計畫,來超前任何潛在危機一步,是特別值得花時間去做的。

■發展資源

有時,在Anne Arundel郡的APS工作人員發現,需要的資源不一定都可獲得。可用資源的缺乏會嚴重阻礙協助案主的努力,特別在緊急狀況期間。因此,發展自己的資源,對APS單位和他們的機構有時是很重要的。

■協調連結的資源

主要的個案管理工作人員,應負責評估、連結和監督他們所協助的每一個案主。通常,當多重資源和一位案主配合時,這些資源的工作人員要定期開會,這是相當重要的。開會時,可以釐清角色、可以交換意見和消息,而且可以公開討論方向。當和難以處理的案主工作的時候,這些定期的會議,對 APS 協調服務的提供是特別有價值的。

■改變資源

　　有時,當 APS 案主已經連結資源之後,APS 工作人員要注意案主沒有進步的原因。此時,工作人員必須檢視理由,思考為什麼沒有進步,並採取行動、修正情況。案主沒有成長的理由可能是各式各樣的,例如案主沒有和他的職業重建部門的顧問有良好互動,或機構的人太忙碌,以致不能給案主必要的注意。APS 工作人員必須在連結產生之後,監督案主的進步,而且準備連結案主到可選擇的資源上。工作人員也必須調整和設定時間讓案主進步,適當時,安排案主和資源間「斷奶」或「解開連結」。

　　APS 工作人員欲成功地為脆弱的發展障礙案主連結必要資源,所有的這些步驟是很重要的,藉此可保護案主並提供其成長的機會。

感謝

作者非常感謝以下的人和單位對本章的傾力相助。

John Anguay, Denise Stewart-Denefield, Catherine Smith, and Patricia Wilson, adult services workers with the Anne Arundel County Department of Social Services, Glen Burnie, MD.

參考書目

MD. 1985. [FAM. LAW] CODE ANN. §14-101(A).

MD. 1985. [HEALTH—GEN.] CODE ANN. §7-1005(B).

MD. 1980. REGS. CODE tit. 07, subtit. 02, §§01–14.

O'Hara, David M. 1980. *Advocacy and Service Provision to the Developmentally Disabled and Their Families.* Baltimore: John F. Kennedy Institute.

State of Maryland, Department of Human Resources. 1989. *Maryland State Letter of Agreement between the Department of Health and Mental Hygiene, Licensing and Certification Programs Administration, and the Department of Human Resources, Social Services Administration, Relating to At Risk Vulnerable Adults in Legally Licensed or Registered, and Illegally Unlicensed or Unregistered Domiciliary Care Homes.* Baltimore: State of Maryland, Department of Human Resources.

———. 1980. *Policy and Procedural Agreement between the Developmental Disabilities Administration, of the Department of Health and Mental Hygiene, and the Social Services Administration, of the Department of Human Resources, in Matters Related to the Protection of Vulnerable Adults.* Baltimore: State of Maryland, Department of Human Resources.

State of Maryland, Developmental Disabilities Administration. 1989. *Access to Services, User's Guide.* Baltimore: State of Maryland, Developmental Disabilities Administration, Developmental Disabilities Access Unit.

U.S. Department of Health and Human Services, Office of Human Development Services. 1982. *Protective Services for Adults.* Washington, D.C.: U.S. Department of Health and Human Services.

University of Maryland, School of Social Work and Community Planning. 1983. *A Supervisor's Workbook for Task Centered Casework.* Baltimore: University of Maryland, School of Social Work and Community Planning.

第8章

計畫的執行與協調：慢性精神疾病的臨床個案管理

——John R. Belcher

◆不同取向的個案管理研究

◆臨床的個案管理模型

◆設定優先順序

◆結　論

慢性精神疾病（the chronically mentally ill, CMI）的個案管理，提供以社區為基礎的綜合服務系統。對於個別的案主而言，執行和協調計畫的個案管理者，其功能在直接為利用多重和不同服務的案主，確認其需要。此外，協調照顧（包括從醫院到社區）服務的對象為臨床上具變動本質的慢性精神疾病患者。然而，個案管理雖是服務輸送系統一部分，卻時常無法滿足這些重大的需求，致使CMI案主不停地在照顧缺口中碰到失敗。

　　現存的CMI個案管理模型，在目標、人員編制和基本的個案管理功能（包括該如何創造而且維持各方同意的照顧計畫以及確保長期的協調照顧）上非常不一致。與個案管理功能相關的主要議題，則有賴對案主群適當的檢驗。這樣的檢驗最好是由CMI的工作人員及合格的執業人員來決定，那些標準可以應用在他們自己的實務中。

　　本章討論不同的CMI個案管理取向，以及相關的研究發現、臨床個案管理模型的指導，以及描述這個模型的計畫執行和協調功能，並在合適的個案管理可真正為CMI服務之前，先檢驗行動的優先順位，包括適當的訓練。

不同取向的個案管理研究

　　研究個案管理的成本效益（cost effectiveness）顯示，如果目標是讓CMI案主穩定，那麼方案可能會像醫院所提供的服務一樣昂貴。舉例來說，Franklin和其同僚（1987）發現，個案管理並沒有減少成本，反而個案管理所使用的每日醫院床位為非個案管理的二倍，但兩組的生活品質並沒有出現統計上的差異。但是另一項研究則發現在減少成本上很有成效（Weisbrod, Test & Stein 1980）；其他研究則注意到，個案管理可增進案主的功能，減少住院時間，因此意味著成本的減少（Witheridge & Dincin 1980）；也有研究認為，個案管理可以作為減少成本的手段之一（Bond et al. 1988）。

　　Goering 和其同僚（1988）發現了混合的結果。在一項為期六個月的研究中，發現個案管理的團體，其所使用的服務比非個案管理的團體要多。二十四個月之後，個案管理的團體，功能的表現則顯得較多。有趣的是，這兩個團體的回院率（the rehospitalization rates）並沒有不同。Borland、McRae 和 Lycan（1989）使用一種雖然實際上正被臨床使用，但他們稱之為「密集個案管理」的模型（intensive case management）。這種模型類似「社區連結」（Community Connections）（其位於華盛頓 D. C. 裡，是私立的非營利個案管理機構）所使用的臨床個案管理模型。Borland 等人發現住院天數減少了，但同時增加的居家照顧和個案管理服務成本，這部分則由減少的住院天數抵銷。這些研究都指出，案主的功能都很穩定。這些研究都很值得注意，因為它們都屬於長期研究的結果。Borland 等人作出以下結論：

> 多數抗拒治療、思考混亂的慢性病人，能在醫院外面的一段時間來使病情穩定。這樣的成就需要個別化、持續和經常的努力，使用多種策略和介入，在社區中能夠提供且維持像醫院一般的功能。（1989, p.376）

　　他們更進一步地指出，照顧的成本是不少，但不會比以醫院為基礎的照顧來得多，而且，研究發現個案管理的成本，通常比醫院服務來得便宜。更重要的是，當有問題的案主出院來到社區時，照顧的成本可能會更高。這假定了實際上個案管理提供的照顧，能滿足案主的需要。但如果案主整體而言是可以自己照顧自己，則個案管理比起以醫院爲基礎的服務是更爲便宜的。

至今對於適當的CMI個案管理的定義仍紛擾不休，這使得社會工作實務者處於兩難的局面。未明確定義的目標可能隱含在成本裡。無論如何，社會工作實務者可以試著提供滿足案主需求的最佳服務。其他比較不昂貴的個案管理模型，對於比較不衰弱（less debilitated）的人口群可能是較適當的，CMI案主群的個案管理則是複雜和較昂貴的，但是能給因病受苦的人提供較多的希望。

撇開成本不談，研究也顯示，所提供個案管理服務應該包含個別化取向，堅持和創造有組織的環境，如類似醫院的組織。除此之外，提供服務的人員，必須在社會工作、心理學或其他心理健康專門領域裡取得碩士學位。這些人員的適當教育或訓練，要求臨床服務的品質和熟練。

以案主的觀點來看，個案管理在讓他們回到社區環境這方面，可以說是有效能的，只要個案管理提供與其需要相符的服務，否則，可能會以犧牲案主的生活水準來減少成本開銷。因此，個案管理適合與否，臨床的理論基礎要勝於行政管理的理論根基。CMI案主不像衰弱或疾病（debilitated or ill）的案主，他們須以個案管理方法滿足其獨特需要。某些服務的臨床本質，能增加他們的存活能力，例如只是簡單的研判案主基本的食物、衣著、庇護所、醫療和社交的需要。檢查案主的自我功能（ego functioning）而且提供必需的支持，如適當的角色模式，讓案主能夠更充分地發展自我優點。然而，雖然臨床個案管理是協助CMI案主回到社區的有效方法，也能改善他們生活的品質，但是這樣的代價和以醫院爲基礎的照顧一樣昂貴。因此，個案管理應該愼重地被使用，在保證它是與CMI案主配合的有效方法之前，需要加以釐清目標。因爲臨床個案管理是否適合所有CMI案主仍待商榷，所以仔細考量案主的診斷、疾病的嚴重度、功能的水準，都是相當重要的程序。否則，個案管理會和其他的心理健康方案一樣，因爲過度將問題單純化導致失敗而遭棄置。

臨床的個案管理模型

　　個案管理的研究，時常未被強調服務本質和品質。可能的原因不外個案管理定義和目標間的爭論，以及達到目標所需服務種類的爭議。由於個案管理模型常常在以「直覺的假定和大眾的懇求上」的基礎上執行（Franklin 1988, p.921），大部分的大眾懇求乃基於個案管理的「成本抑制策略」以及與大型系統的改變較無關（Schilling et al. 1988）。

　　在設計個案管理系統時最大的障礙是定義的缺乏（Bachrach 1989），不同的定義發展成不同目的的個案管理。對於某些實務者和政策制定者而言，個案管理主要的目標是藉由減少住院日數來降低成本。但是以這樣降低成本來作爲主要目標，往往無法提供CMI案主臨床上的需要。其他個案管理模型則是利用受過高度訓練的人員、少量的個案負荷和輸送綜合的臨床服務來進行。

　　依據Bachrach（1989）的觀察個案管理類型有兩種：⑴密集式個案管理（intensive case management），在賓夕凡尼亞州使用；⑵臨床式個案管理（clinical case management），使用在「社區連結」（community connections）（Harris & Bergman 1988）。賓

夕凡尼亞州模型基本上是企圖幫助合格的案主得到適當資源的管理工具。Lamb（1980）提到這樣的過程像是「經紀人」（brokering）。大體而言，即使是經紀人也可以為案主作很好的服務，但是CMI案主常常需要更加廣泛的服務。賓夕凡尼亞州模型雖然使用到類似社區連結模型的術語，然而服務的性質上卻是不同的。

最大的不同是在工作人員類型的差異。賓夕凡尼亞州模型指出，資格最高的人員應和CMI案主配合。然而，事實上，個案管理者可以是任何一個獲得社會科學學士學位的人。雖然個案管理者是由心理健康專業人才監督，但是經紀人模型裡的個案管理臨床品質是被質疑的。對照於「社區連結」只使用碩士或博士程度的專業人才，使得賓夕凡尼亞州模型的成本是遠低於社區連結模型，然而，更重要的是，賓夕凡尼亞州模型只提供CMI案主少量適當的臨床服務。個案管理的研究已經顯示，最有效的個案管理模型，是使用訓練過的碩士或比較高等的專業人才。使用受過高等訓練專業人才的一個重要理由，是因為他們具有技巧可以瞭解慢性精神疾病的複雜性，以及甚麼時候該介入以避免反補償（decompensation）的知識。顯然性，僱用這樣的專業人才會使服務的成本增高。在某些情況下，成本抑制會導致實務工作欠佳，因為這類服務輸送的品質是無法使嚴重疾病案主，得到有效的照顧處遇。

個案管理取向最有效果的似乎是，創造能維持CMI案主合理的生活品質環境。Kanter（1987）注意到，臨床個案管理被大大地專門化（specialized），並且比協調服務的行政管理系統還簡化。在臨床模型，所有的個案管理功能，從案主發展到計畫執行協調，均在巧妙地幫助案主和個案管理者之間建立關係。為了要維持這樣的關係，個案管理者必須有臨床的技巧，來著手處理情緒不穩的個人、同情和瞭解暫時經歷心智失常的人們，提供需要的支持、架構和實際的協助，同時敏銳察覺每個案主在自我決定和個人成長方面的需要。

臨床個案管理者常被要求的功能為「承諾、判定、計畫、連結社區資源、家庭諮商、維持和擴大社交網絡以及和醫師合作」（Kanter 1989, p.362）。這些功能假定的前提為個案負荷量與疾病的嚴重度及社區和醫院資源的可利用性有關（Stein & Test 1980）。他們假定CMI案主疾病的嚴重度是同質的（homogeneous），最後的結果是被社區心理健康系統裡的行政人員安排接受服務。同時，也假定個案管理是一個公平、簡單的程序，所以個案管理者不需要太特別。儘管有些文獻已經明白指出，和自我強度低和控制外在刺激能力較弱的案主一起合作是加倍困難（Borland et al. 1989; Kanter 1989），但是有些文獻則說明個案管理過程是相對較為容易的（Billig & Levinson 1989）。

以實習學生作為個案管理者

在Billig和Levinson（1989）的模型中，是以社會工作研究所一年級生為個案管理者。這個取向危害了任何照顧的持續性，而且也忽略了CMI案主不安定的本質，以及必須從較長期的觀點來看個案管理。許多精神疾病，例如精神分裂症，被證實常是不可預知並且轉變快速的（Liberman 1988; Liberman & Kane 1986）。病程的突然變化，特別是精神疾病，可能造成案主處遇上高度的困難，他們試圖將「來自環境的衝突信號整合成一貫性的需求，如此他們才能適當地回應之」（Gruenberg & Archer

1983, p.35）。

　　採用實習學生作為個案管理者，反映出對潛在衝突的服務輸送的普遍誤解，當CMI案主處於社區中許多的壓力時，會更加深這樣的衝突。這些案主正在試圖把社區多樣的要求，整合到通常不完整和精神病的世界觀中（often fragmented and psychotic worldview）。許多CMI案主已經失去對社會關係的興趣，從其他人那兒學習的機會也有限。Bellack和Mueser（1986）注意到，有許多CMI案主普遍的技巧不足，是因為社交練習缺乏和經驗不足的結果。任何的不連貫，像是實習學生的出現，會增加整合CMI案主任務的困難度。有效的個案管理取向，必須承認這些人不只是慢性疾病，而且他們自己本身對疾病的認知顯然也是片斷、解離和混亂的。

　　許多CMI案主生活裡持續的不穩定和慢性的不一貫所顯示的意義是，個案管理者要塑造和案主穩定、一貫的互動。也許社會心理方案最大的失敗是，常常沒有一個工作人員和案主擁有穩定的感覺。更重要的是，案主可能沒有被提供一個完整的健康功能模型，所以他或她無法發展適當的社交能力水準。許多研究顯示，社交能力的水準被視為保留社區居住權最佳的簡易指標（Glynn & Muser 1986）。如此一來，為這群案主服務的個案管理需要的個案管理者是至少一週工作四十小時、沒有考試壓力、寒暑假和其他學生該有的壓力。

個案管理團隊的使用

　　個案管理者必須是治療團隊的一部分，治療團隊包括住所供給和賦予權力的專家、精神病醫師、內科醫師、社會工作者和心理學家（Anthony et al. 1988）。與其他案主族群相反的是，精神疾病案主心理整合和內在結構能力的嚴重不足，反映出他們無能整合外部環境（Belcher 1988b, p.80）。CMI 案主時常缺乏有用的社交技巧，來處理日常生活的許多面向。無力整合心理狀況和社交因應技巧的限制，創就了CMI 案主無法協調資源來滿足需要的情形。慢性心理疾病不安定的本質，像是精神分裂症，使得許多CMI 案主陷入了一個反補償——補償——反補償（decompensation-recompensation-decompensation）的模式中，並不令人驚訝（Ciompi 1980）。在代償機能退化（decompensation）的期間，CMI 案主會因退縮和喪失住所而逐漸增加危機。

個案管理團隊保證，這些案主有適當的管道可獲得符合他們的需要且持續的一系列服務。這些服務必須在一種案主對服務品質水準感到滿意，並且相信這些服務將會被提供的氛圍下進行。團隊未必須由專家所組成。然而，舉例來說，若團隊成員中無住所安置專家，那麼可由另一團隊成員中填補該角色，如此便能解決該問題。

減低壓力水準

個案管理團隊經由預先的規劃和避免潛在問題，能使CMI 案主免除心理的壓力，並避免精神上的反補償。每個案主的壓力容忍水準變化非常大（Belcher & Rife 1989）；因此，個案管理團隊必須瞭解壓力如何影響每個人，否則，團隊將無法適當地規劃和有效地為案主辯護。然而，將CMI 案主整合到以社區為基礎的心理健康方案的過程，則需要長期的遠景（Borland et al. 1989）。利用短期、有時限的模型取向是註定要失敗的，因為他們沒注意到同理心和持久關係的需要。

　　許多CMI案主，特別是精神分裂症者，可以輕易地自社會撤退，進入存在的眞空狀態下（Lantz & Belcher 1987）。臨床取向假定，用藥物治療案主然後讓他們製造一個反補償的環境來獨立生活。許多CMI案主企圖瞭解他們周遭的世界，然而，這些企圖時常是：「對沒有精神疾病的人，通常被視之爲是混亂和不合邏輯的行爲」（Lantz & Belcher 1987, p.18）。雖然這些經驗可能是反補償的信號並建議需要調整藥物，但也建議要表達同理心。區別反補償的情況和內在掙扎可能很困難，但是對案主底線功能的瞭解和過去壓力的記錄，能使個案管理者和案主商談改變環境，而疏解案主的內在掙扎。這樣的介入須仰賴工作人員運用大量的技巧和對案主的瞭解，否則，案主可能會產生反補償、極需精神藥物治療，而且影響他自慢性精神疾病的復原。

　　個案管理者與案主的溝通，會觸及有關轉移和反轉移的主題（Kanter 1985）。舉例來說，個案管理者可以建議案主穿著外套，因爲天氣是很寒冷的，然而，案主可能會認爲這是不適當的建議，因爲他或她的父母總是在「提意見」，所以會認爲這是命令，會剝奪案主的自主權。個案管理者必須嘗試解決這樣的疑慮、商談實務的問題，並且察覺到許多CMI案主有限的壓力門檻（Liberman & Kane 1986）。一個表面上看似簡單的議題，卻可能成爲臨床任務的一大挑戰。

提供個別化的訓練

　　專業的關懷是將社會工作實務的主要成分與現實結果的期望結合。在此將對社會工作實務者必須克服的主要障礙加以說明。

社會工作實務中的一個主要成分是案主的自我決定（self-deter-mination），然而許多個案管理模型的設計，在目標的達成上，希望案主和工作人員之間所花費的時間越少越好。不變的慣例是許多存在於社會心理方案裡的問題：案主的社交缺陷和需要沒有被處理。取而代之的是，它傾向於假定案主都是一樣的，而且烹調、縫紉、木工、秘書服務等方面的課程可加速案主的改變過程。提供個別化的訓練是昂貴的。由州提供給社會心理方案的償還（reimbursement）制度，不可能去支付個別化訓練。如果案主照顧計畫的目標是增進案主赴約的能力和發展基本的生活技巧（basic life skills），例如搭乘公共汽車等。但是成本抑制的目標卻阻礙了案主和個案管理者之間有意義的互動，那麼改善案主成效的目標，將不可能實現。臨床的個案管理者不僅僅只是安排行程的旅行社，他或她也是治療師、資源管理者和案主的辯護人。

　　Kane（1988）提出，案主群的整體預算分配，和社會工作價值一致。雖然，另一方面，社會工作實務者必須在機構的結構裡面工作，但是社會工作實務者有義務維護案主的權益。許多CMI案主被自我強度所限制，維護意味著實務者應質疑政策制定者，是否有滿足CMI案主需要的適當預算分配。這些預算分配事實上並非如Kane所說的毫無疑問，相反地，它們都要經由決策過程來決定，並應有個案管理者參與決定。如果個案管理對於特別人口分配的資源照單全收，則案主較不可能做自我決定，因為個案管理者模型順從的行為，不會去質疑其他人如何將他們的議程強加在那些較無法維護自身利益的人身上，如CMI案主。社會工作實務者必須決定實務中個案管理模型的目標，而且必須在關心案主自決和機構要求的目標間保持平衡，以管理有限的資源並培養案主的順從感。

如果個案管理者由於財務的限制，不能夠花時間傾聽案主訴說，而且案主也沒有達成他或她的目標，那麼大家必定會懷疑這個失敗是否由於社會工作實務的無效，或者是與社會工作實務有衝突的預期目標所造成。這個兩難局面包括個案管理者傾聽案主的能力，確認案主的弱點以及能夠使案主克服這些弱點的適當行為模式。

　　然而個別化訓練和採用個案管理者來支持案主，在學習和整合新技巧方面是有效的（Test, Knoedler & Allness 1985）。主要的是，個案管理者能提供一個案主在嘗試新經驗時覺得舒適的環境，而且在成功時加以增強，不成功時也可以提出其他選擇。研究顯示，幫助案主提高他們的生活，是有效的方式。然而，它不可能降低成本，反而可能增加照顧的成本，特別是在短期內。

協助案主內化

　　一個時常被忽略的臨床個案管理便是內化（internalization）（Harris & Bergman 1987）。案主的內化是由重要他人所執行的功能（Freud 1940）。許多 CMI 案主缺乏充分的自我強度（ego strength）；結果，當他們嘗試與外在環境交涉時，CMI 案主可能會使用個案管理作為輔助的自我（auxiliary ego）（Pepper, Ryglewicz & Kirshner 1982），結果造成案主的依賴。然而，熟練的工作人員能塑造適當和必要的行為，並知道何時該開始幫助案主找尋自主（autonomy）的過程。這個過程也有助於案主發展自我的內聚感（cohesive sense of self），特別在現今服務支離破碎的時代是很重要的（Belcher 1988a）。

　　協助案主內化，需要提供臨床上較高技巧的個案管理模型，提供實務者足夠的彈性來反應，補足其多種技巧的不足。雖然臨床工作者正在實現照顧計畫的不同部分，但是他也正在嘗試幫助案主成長並且到達目標。

援助再入院

　　個案管理中最大失敗之一便是要求案主出院，但它可經由再入院來修正之（Belcher & Blank 1989）。個案管理不是CMI案主在社區的萬靈丹，如果再入院發生，並不代表失敗。相反的，它通常表示案主的疾病正在改變並且需要一種不同形式的介入。有趣的是，許多關於出院成功模式的研究均著重累次進入州立醫院的案主身上（Belcher & Toomey 1988）。對成功的社區居住進行評估的取向，導致許多實務者把繼續住院治療的方式視爲不當。Bachrach批評「有些病人的確顯示在某些條件下，在醫院外面可改善其功能，但是如果這些條件不能夠配合時，在醫院內則比較好」（1980, p.99）。個案管理學者迄今仍然認爲「從未待在醫院內」是個不恰當的觀念，在CMI案主的治療上，是無益的內涵。這個見解對社會工作實務者有特別的壓力，社會工作實務者時常直接的與案主接觸而且經歷處遇CMI案主的困難（Belcher 1988c）。
　　CMI案主對壓力有不同的反應。有些案主在低支持度的時候會比較好，因爲他們的刺激容忍度（tolerance for stimulation）較低（Gunderson et al. 1984）。然而，個案管理者不能夠預測壓力數量和程度，將導致CMI案主機能衰退。對準症況的改變和適當反應，可以避免住院治療（hospitalizations）。然而，仍會有一些案主需要繼續住院治療。個案管理關係可以改變這個情況。Kanter說道：

當病人、個案管理者和其他的照顧者不可避免地發生衝突時，會對病人能做甚麼和願意做什麼，產生不同的評估和看法。即使大多數的個案管理者明確支持案主的自我決定原則（the principle of client self-determination），但是這些緊張關係仍會產生。（1989, p.362）

也許最大的爭議點便是對住院治療需要性的歧見。一些學者相信，一個有健全基金體系的社區將會省卻對州立醫院系統的需要（Okin 1985）。然而其他的學者卻指出，因為CMI案主的疾病和他們變動的本質大多傾向於失業，所以仍需要州立醫院（Belcher & Blank 1989）。如果案主不希望就醫，但是個案管理者相信住院治療是必須、重要時，個案管理者就要安排案主非自願的住院治療。住院治療期間，個案管理者必須嘗試重建由於非自願住院治療所損害的關係，可能會指派另一個個案管理者為案主服務。在這種情況下，從最初的個案管理者，轉變到新個案管理者的計畫性任務解除過程是很重要的。

住院治療是協調照顧的一個主要部分。臨床的個案管理創造案主能在醫院和社區之間，自由移動的循環。這是由相當瞭解案主的個案管理者來決定何時該採取危機介入，必要時將安排案主住院治療。

如果個案管理無法避免再住院治療，而服務也像醫院一樣昂貴，那麼為何不讓CMI案主持續住在醫院裡？個案管理模型描述，雖然在這個部分是昂貴的，然而對CMI案主卻是有益的，因為提供他們一個自我決定生活品質的機會。然而，這個模型並不時常使用。社會工作實務者是否應勉強接納一個只著重成本抑制，以及忽略CMI案主自我強度不足並在壓力情境中傾向於反補償的臨床問題的模型呢？社會工作實務者在回答這個問題時，必須檢討他們實務設定的目標。除此之外，專業必須在服務CMI案主前先決定優先順序。

設定優先順序

實務和政策的連結

為CMI案主服務的個案管理，主要是可以提高他們的生活品質，個案管理為了要完成這個目標，須提供像以醫院為基礎一樣昂貴的服務，這項事實考驗著出院理論基礎背後的移轉。如果出院的目標是提高、改善醫院環境外面生活的品質，那麼個案管理或許是完成目標的方式。另外，如果出院的目標是減少成本，那麼個案管理臨床的本質是不適當的。社會工作專業必須解決這樣的衝突，藉由抑制成本（與案主為中心的社會工作實務本質相妥協），來取得專業地位。因此，專業必須設定它的優先順序。

一些社會工作學者已經提議：「配額」（rationing）是個案管理其中的一個優點，有些則認為是它的弱點（Schilling et al. 1988）。就CMI案主而論，社會工作的專業必須選擇該支持多樣的個案管理還是僅利用臨床取向的個案管理。

專業的一個優先順序是連結聯邦和州兩者的實務和政策。不像其他有第三方健康保險的案主，CMI案主常仰賴照顧他們的政府。自從1980年以後，州政府控制心理健康創制的因素大幅增加（Elpers 1989）。雷根政府將更多心理健康保健的成本轉給州政府。某些州，像是馬利蘭州，從事於成本轉變的過程仍是其優先之事（Belcher & Blank 1989）。由於雷根政府期間所做的改變，使CMI案主逐漸依賴州政府的支援。Lynn觀察到：

被選出的國家公務員大體上對政府運作的經濟狀況和效能比有效地服務人群有更強烈的責任感……簡而言之，財政紀律（fiscal discipline）必定是官員和立法者的主要目的。（1980, p.18）

由於州政府的財政政策保守，高成本的臨床個案管理要獲得背書恐怕不易。換句話說，比較有可能採用經紀人模型（brokering model），像是賓夕凡尼亞州的模型將會變成標準。這種為個案管理模型的觀念，不可能滿足案主需求，它和維護案主利益的專業立場相矛盾。如果社會工作拒絕支持經紀人的個案管理模型，那麼其他的專業人才將會進入這個領域，雖然這個行動的結果是明確的，但是卻可能對案主有潛在傷害。

今天心理健康社區（mental health community）是充滿著問題，這是由於1960年代拙劣的構思和草率的執行所引起。舉例來說，美國社區裡心理健康人員花費很多的時間，收集來自多種資源的經費，如此增加經常費用的成本。一項1986年的研究估計，在美國有22％上的健康保健花在經常開支上（Himmelestein & Woolhander 1986），加拿大則為6％。降低成本的持續壓力使最近的修法均偏離了正軌，例如心理健康系統法案（the Mental Health Systems Act）（Foley & Sharfstein 1983）。經驗法則建議，支持概念上有瑕疵的立法或創制權會出問題。相反地，較有益的策略是，倡導一種目的為滿足特殊案主的需求的方法。

降低成本

以全有或全無的取向（the all-or-nothing approach）來看，臨床個案管理是優於經紀人或支持性的個案管理，必須使用創新的方法來減少心理健康照顧的成本。降低個案管理成本的一個方法是，減少個案管理者或其他支援人員花在收集案主資料方面的時間。這項任務經由統一的稅收系統（revenue system）完成，政府支付照顧成本，社區心理健康中心不須再花費寶貴的時間來為案主尋求償還的資源（Bigelow & McFarland 1989）。

實務者也能夠扮演解決這個困境的角色，致力於實務上的研究，證明花費在間接服務上的時間，像是收集服務的回報等是值得的。他們可利用這些資料，來支持有效、簡化之回報的額外研究。為案主請命的這條路徑，包含了抑制成本，但是將案主的責任轉移，以評估直接照顧的管理成本比例。

另外的改革是聯邦政府提供所有的基金給心理健康服務（Belcher & DiBlasio 1990）。加州心理健康系統（California's mental health system）的一項研究顯示，州政府不斷地削減心理健康開支，已經造成當地社區的壓力（Elpers 1989）。心理健康服務不充足的資金，直接轉變為增加時間和金錢到個案管理活動之內。另一方面，適當的資金援助，例如可能是由聯邦政府提供，將會藉由減少案主的壓力以降低個案管理的成本，而使個案管理者集中在案主的努力上。

要有效控制心理健康成本是必要的優先之事；然而，財政的限制只是手段，不應該負面影響案主。像某些學者所倡導，如Wimberly（1988）主張在不犧牲成本控制的努力下，維持個案管理臨床的完整性是很重要的。藉由降低經常開支來減少成本,而不致提供較差的服務給案主。

訓練臨床的個案管理者

假定個案管理的目的是提高案主的生活品質,而不是減少成本,那麼要在全國實現之前,先充分地訓練專業人才。臨床個案管理要求的技巧,比半專業人員來得多;同時也超過經紀人和支持照顧模式。

個案管理的臨床模型假定,在研究所階段訓練臨床的個案管理者。重點是在持續的教育中,教導專門的臨床技巧(Johnson & Rubin 1983)。堅持訓練的水準,便能支援需要較熟練技巧的個案管理模型和提供適當的資源給CMI案主。某些問題應該在訓練時便先解決。首先,學生應該對包含慢性精神疾病的各種病症有完全的瞭解。其次,他們應該學習對CMI案主而言是必需的資源。第三,學生應該被訓練具備多種臨床技巧。第四,學生必須有相關的實習。最後,專業的訓練必須以科際整合方式進行。

除了訓練之外,這些專業人才在取得合格執照前應該在資深臨床個案管理者的督導之下工作兩年。這項訓練是花費不貲且耗時的,這意味著臨床的個案管理者必須獲得與他們教育和經驗相當的薪水。否則,專業人才的觀念會被嚴重破壞,很快地,CMI案主又會變成接受較低品質照顧的犧牲品。

結 論

　　對於臨床個案管理所指的那些案主，照顧計畫和協調功能必須在熟練的助人關係的結構裡面被瞭解而且實行。滿足這些需求的訓練以及其他適當的個案管理功能必須充分地培養高層次的臨床技巧，並廣泛地理解 CMI 案主的需要。社會工作專業必須決定個案管理的優先順序，在 CMI 人口群的情況下，積極主張適當的個案管理模型和必要的公共政策之支持。

參考書目

Anthony, W.A., M. Cohen, M. Farkas, et al. 1988. "Case Management: More Than a Response to a Dysfunctional System." *Community Mental Health Journal* 24:219–28.

Bachrach, Leona L. 1980. "Is the Least Restrictive Environment Always the Best?" *Hospital and Community Psychiatry* 31:99.

———. 1989. "Case Management: Toward a Shared Definition." *Hospital and Community Psychiatry* 40(9):883–84.

Belcher, J.R. 1988a. "The Future Role of State Hospitals." *Psychiatric Hospital* 19(2):79–83.

———. 1988b. "Are Jails Replacing the Mental Health System for the Homeless Mentally Ill?" *Community Mental Health Journal* 24:185–95.

———. 1988c. "Rights vs. Needs of Homeless Mentally Ill Persons." *Social Work* 33:398–402.

Belcher, J.R. and H. Blank. 1989. "Protecting the Right to Involuntary Treatment." *Journal of Applied Social Sciences* 14:74–88.

Belcher, J.R. and F.A. DiBlasio. 1990. *Helping the Homeless: Where Do We Go from Here?* Boston: Lexington Books.

Belcher, J.R. and J.C. Rife. 1989. "Social Breakdown Syndrome in Schizophrenia: Treatment Implications." *Social Casework* 70:611–16.

Belcher, J.R. and B.G. Toomey. 1988. "The Relationship between the Deinstitutionalization Model, Psychiatric Disability, and Homelessness." *Health and Social Work* 13:145–53.

Bellack, A.S. and K.T. Mueser. 1986. "A Comprehensive Treatment Program for Schizophrenia and Chronic Mental Illness," *Community Mental Health Journal* 22:1465–78.

Bigelow, D.A. and B.H. McFarland. 1989. "Comparative Costs and Impacts of Canadian and American Payment Systems for Mental Health Services." *Hospital and Community Psychiatry* 40:805–8.

Billig, N.S. and C. Levinson. 1989. "Social Work Students as Case Managers: A Model of Service Delivery and Training." *Hospital and Community Psychiatry* 40:411–13.

Bond, G.R., L.D. Miller, R.D. Krumwied, et al. 1988. "Assertive Case Management in Three CMHCs: A Controlled Study." *Hospital and Community Psychiatry* 39:411–18.

Borland, A., J. MacRae, and C. Lycan. 1989. "Outcomes of Five Years of Continuous Intensive Case Management." *Hospital and Community Psychiatry* 40(4):369–76.

Ciompi, L. 1980. "Three Lectures on Schizophrenia: The Natural History of Schizophrenia in the Long Term." *British Journal of Psychiatry* 136:413–20.

Elpers, J.R. 1989. "Public Mental Health Funding in California, 1959–1989." *Hospital and Community Psychiatry* 40:799–804.

Foley, H.A. and S.S. Sharfstein. 1983. *Madness and Government: Who Cares for the*

Mentally Ill? Washington, D.C.: American Psychiatric Press.

Franklin, J.L. 1988. "Case Management: A Dissenting View." *Hospital and Community Psychiatry* 39:921.

Franklin, J., B. Solovitz, M. Mason, et al. 1987. "An Evaluation of Case Management." *American Journal of Public Health* 77:674–78.

Freud, S. 1940. *An Outline of Psychoanalysis.* London: Hogarth.

Glynn, S. and K.T. Mueser. 1986. "Social Learning and Chronic Mental Patients." *Schizophrenia Bulletin* 4:648–68.

Goering P., D. Wasylaki, M. Farkas et al. 1988. "What Difference Does Case Management Make?" *Hospital and Community Psychiatry* 39:272–76.

Gruenberg, E. and J. Archer. 1983. "Preserving Chronic Patients' Assets for Self Care." Pp. 29–48 in *The Chronic Psychiatric Patient in the Community,* edited by I. Barofsky and R. Budson. New York: SP Medical and Scientific Books.

Gunderson, J.G., A.F. Frank, H.M. Katz, et al. 1984. "Effects of Psychotherapy in Schizophrenia, II: Comparative Outcome of Two Forms of Treatment." *Schizophrenia Bulletin* 10:565–84.

Harris, M. and H.C. Bergman. 1987. "Case Management with the Chronically Mentally Ill: A Clinical Perspective." *American Journal of Orthopsychiatry* 57:296–302.

——. 1988. "Capitation Financing for the Chronic Mentally Ill: A Case Management Approach." *Hospital and Community Psychiatry* 39:68–72.

Himmelstein, D.U. and S. Woolhandler. 1986. "Cost without Benefit: Administrative Waste in U.S. Health Care." *New England Journal of Medicine* 314:441–45.

Johnson, P. and A. Rubin. 1983. "Case Management in Mental Health: A Social Work Domain." *Social Work* 28:49–55.

Kane, R.A. 1988. "Case Management: Ethical Pitfalls on the Road to High-Quality Managed Care." *QRB* 14:161–66.

Kanter, J.S. 1985. "Case Management of the Young Adult Chronic Patient: A Clinical Perspective." *New Directions for Mental Health Services* 27:77–92.

——. 1987. "Mental Health Care Management: A Professional Domain?" *Social Work* 32:461–62.

——. 1989. "Clinical Case Management: Definition, Principles, Components." *Hospital and Community Psychiatry* 40:361–68.

Lamb, H.R. 1980. "Therapist-Care Managers: More Than Brokers of Services." *Hospital and Community Psychiatry* 31:762–64.

Lantz, J. and J. Belcher. 1987. "Schizophrenia and the Existential Vacuum." *International Forum for Logotherapy* 10:17–21.

Liberman, R.P. 1988. *Psychiatric Rehabilitation of Chronic Mental Patients.* Washington, D.C.: American Psychiatric Press.

Liberman, J.A. and J.M. Kane. 1986. *Predictors of relapse in Schizophrenia.* Washington, D.C.: American Psychiatric Press.

Lynn, L.E., Jr. 1980. *The State of Human Services.* Cambridge, MA: MIT Press.

Okin, R.L. 1985. "Expand the Community Care System: Deinstitutionalization

Can Work." *Hospital and Community Psychiatry* 36:742–45.

Pepper, B., H. Ryglewicz, and M. Kirshner. 1982. "The Uninstitutionalized Generation: A New Breed of Psychiatric Patient." *New Directions for Mental Health Services* 14:3–13.

Schilling, R.F., S.P. Schinke, and R.A. Weatherly. 1988. "Service Trends in a Conservative Era: Social Workers Rediscover the Past." *Social Work* 33:5–10.

Stein, L.I. and M.A. Test. 1980. "An Alternative to Mental Hospital Treatment, I: Conceptual Model, Treatment Program, and Clinical Evaluation." *Archives of General Psychiatry* 37:392–97.

Test, M.A., W.H. Knoedler, and D.J. Allness. 1985. "The Long-Term Treatment of Young Schizophrenics in a Community Support Program." *New Directions for Mental Health Services* 26:17–27.

Weisbrod, B., M. Test, and L. Stein. 1980. "Alternative to Mental Hospital Treatment, II: Economic Benefit-Cost Analysis." *Archives of General Psychiatry* 37:400–5.

Wimberly, E.T. 1988. "Using Productivity Measures to Avoid Reductions in Force." *Social Work* 33(1):60–61.

Witheridge, T. and J. Dincin. 1980. "The Bridge: An Assertive Outreach Program in an Urban Setting." *New Directions for Mental Health Services* (26):65–76.

第 *9* 章

計畫的執行與協調：員工協助計畫中的個案管理

——Naomi Miller

◆EAP 的計畫與角色定義

◆案例說明

◆個案管理取向

◆計畫的執行與協調

◆結　論

商業世界裡的員工協助計畫（employee assistance program, EAP）之運作，可以概念化為較大的「真實」世界裡的小宇宙，在其中經常需要個案管理的活動。像 Greene 在第 2 章裡所說明的，以某些原則為基礎的個案管理，是超越環境範圍的服務輸送取向。這些原則包括認同服務表單（a menu）和持續服務的需要，委託或承擔連結和整合服務系統中的不同要素的責任，以及滿足個人特定需求的廣泛服務目標。

　　在職場的環境中，像是當他們工作表現影響生產力時，個人功能的問題即成為關心的重點。正如在大的世界裡，改善或維護職場的運作，時常要求對有問題的個人，增加動機、努力和深入觀察。這般的改進有賴於在原有環境中，加入或是建立新的和不同的資源，努力確保應該發生的事物確實發生，和以一連串的問題解決方法，能對影響問題的成長、維護、解決和消除的多樣來源進行處理。簡言之，個案管理是有計畫性的同時關懷個人的需要（像是個案對個案的）和社區服務，在職場中的反應和在許多其他的情境中一樣有用。

　　同時，有些重要的本質必須考慮：一般的個案管理（在較大世界中）包括經由服務輸送系統的助人專業人員，視其所配合的個人為他們有責任或提供服務的案主或病人，而在工作場所中的專業人員，則通常將焦點放在對員工生產力的組織需求上。當然，對管理者和組織而言，他們留有改變的空間以回應員工的需要，但這不是他們主要的焦點。

　　其他 EAP 顯著的特徵，可能也是其他環境中的個案管理特色，但是也許在工作場所裡會有其重點和不同的結果，包括方案中自願和保密的本質。沒有人會被迫利用服務。雖然管理者可以建議有工作困難的員工，但是員工不見得要依照建議而做。或者，如果他或她接受了，出席的事實在未經案主同意前不會告知管理者。事實上，有關員工的參與、內容或計畫等資料，若未經當事者書面同意，這些資料絕不會外流。唯一的例外是有迫切危險（對人或地方）的情況或法院的強制命令。

有三個契約的條件——自願的、機密和管理焦點（voluntary, confidential, and management focus），實質上決定而且指示EAP的諮商員角色。和其他的環境類似，諮商員角色的另一個決定因素是在定義的方式和介入的範圍。雖然任何的職位都有契約限制，但是專業人員還是有選擇權，完全視個人的眼光、主動和技巧而定。本章舉例說明EAP社會工作者的個案管理對個人（案主）和環境（社區，在這個例子中是職場）的雙重介入焦點（dual-intervention focus）的機會和實用性，而且定義個案管理者活動的範圍來檢查變化的界限。我們將透過個案分析來呈現個案管理服務的技巧要素和活動，以及計畫的執行和協調。

EAP的計畫與角色定義

在EAP和採用EAP的企業及雇主，對服務本質的一些觀點描述如下。

■將公司當作案主的觀點（corporation-as-client view）

EAP的諮商員定義案主是公司本身，而諮商員的角色是公司代理人（company agent）。這項觀點的基本根據是，公司和EAP的合約上要求，協助員工解決其問題，而不妨礙工作表現和公司任務。諮商員的工作著重在工作場所，適當地幫助員工發揮功能。它可以不包含工作以外的問題。

■將員工當作案主的觀點（employee-as-client view）

在這種情況下，諮商員定義及限制自己的角色爲員工的個案工作者。依此觀點，諮商員傳統上限定他在判定和轉介上的活動，處理與目前問題有關的員工思想、行爲、壓力等短期的個案工作。但是，EAP不提供長期的個案工作。

■雙重案主的觀點（dual-client view）

EAP諮商員定位他的角色是教育、倡導和組織發展。這點拓寬了注意力和介入的可能區域。當這種定義在運作時，導引出一些極需瞭解制度及交涉方法的個案管理技巧、組織和排定順位的能力、關係的建立，以及說服的力量和（有計畫的或臨時起義的）好時機。

最後一種定義角色的方式是反映出「情境中的人」（person-in-situation）的社會工作基本典範，個案管理在運作時對個人和社區或是服務輸送系統均有實質責任。對於EAP而言，這個觀點結合了「以公司爲案主」和「以員工爲案主」的優點。諮商員不僅僅爲個別的員工和組織提供服務，也對整體員工提供介入，後面的例子將會提到這一點。

案例說明

耐德，三十八歲的員工，未婚，和他的母親住在一起，他到EAP來是因爲他在工作上遇到了問題，如他時常曠職、和他的主管大聲爭吵，以及兩次擅自離開工作崗位。他是被一個研究單位僱用為動物管理人，並且對三個主管負責，每個主管都希望耐德以他們特有的方式工作，讓耐德無所適從、挫折感很重。他常常面對不同的命令，那三個主管輪流發布命令，並以耐德的服從性當作合格的標準。除此之外，他也常做一些簡單和卑微的工作，耐德受過一般大學程度的動物研究訓練。他所有的主管都有相關工作的經驗，但是沒有正式的教育學位。

當有動物的問題出現時，耐德藉著圖書館的資源或是詢問專家和外界的研究員，以找出解決這些問題的最好方法。然後他會向主管（非學術取向）提出解決方法。因此，不難想像這樣的對立情勢接下來會發生什麼事。

之後幾次，主管對任何他的研究和解決方式都拒絕，讓耐德感覺到那些主管對於他所愛護的動物既不感興趣也不關心。他感覺到他們的反對是很個人化的，而且他們也不允許耐德在他的工作範圍內自由的活動和掌控事情。其中一個主管著手進行反對耐德在公司人事部門的訓練工作。

耐德首先找到管理這些主管的單位負責人，抱怨個人受到不公平的待遇，並且報告動物受到不良的照顧。但是也遭受到單位負責人的漠視，然後他跳越一些層級直接接觸部門的經理。耐德可以感覺到經理同情他的處境，但對他們討論結果卻沒甚麼幫助。他變得更煩惱並尋求EAP的協助。他同時考慮做兩件事：向EEO（Equal Employment Opportunity）辦事處投訴受到差別待遇，宣稱他比單位的其他員工受到較不平等的對待；並接觸工會代表說明他的工作範疇並未遵照契約執行。

若諮商員以早先所討論的「將公司視為案主」的角色定義運作，某些活動將會展開。諮商員會和員工討論他的曠職、好辯、不順從以及擅離職守的不適當行為。可能失業的風險也是他的壓力之一。諮商員採取一些策略幫助員工確認而且使用比較好的壓力因應的技巧、說明他的觀點和處理憤怒。這樣處理的焦點是使工作情境中的問題得以解決，而非處理引起問題的原因，也不要使他失去工作。

在「以員工當作案主」的角色定義中，諮商員可能做不一樣的處理，首先他會去瞭解員工為甚麼有學位可以得到較好薪水的工作，但卻仍選擇低薪水、低職位的工作，這樣的選擇如何影響他和主管的互動。也會去瞭解他個人生活上的困難是否為問題的起因。討論將是「以案主為中心」（client-centered），而且處理他真正的欲望和恐懼，以及完成目標和克服障礙的方法。採取的活動包括轉介到長期的諮商，或是協助離開他現在的工作找一份新工作。

若雙重焦點角色的定義應用在這個例子中則說明了諮商員身為個案管理者的工作。事實上，在這個個案中，諮商員的角色（如以下所提到的約翰）是以其角色定義來運作。

應該注意的是，這是約翰因其原則賦予自己的角色，而且在他的觀點中，認為在職場中沒有任何人有如此的能力來擔當。一般的觀察是，當一個人承擔或扮演一個特殊角色時，其他人大抵都會回應其實際的角色（除非這個人在過程中是令人討厭的）。

個案管理取向

約翰接受耐德提出的問題和情況，也認真地評估。同時，如果之後另一個職員未提報同樣的問題，他也要找出其他需要確認和解決的工作環境問題。值得注意的是，約翰認為耐德的問題不僅僅是制度所造成的，較廣義的申訴系統也出了問題。這些範圍包括對不穩定員工管理的困難，不合理的員工問題和不支持的管理，以及可能來自法院要求的危機。

在EAP的架構裡，約翰需要耐德同意（簽名），以他個人在職場中與其他人相處的情形當作開場談話，不僅在改善耐德的工作環境（及表現），而且也在處理較廣義的「系統輸送」議題。約翰表現出他對耐德角色和各種問題的瞭解，包括耐德個人憂心之事。他向他解釋將會如何思考和著手處理問題。約翰向耐德說明如果諮商不足以處理耐德的煩惱時，他有權選擇是否要繼續由更廣大的制度來處理。

在他對耐德的介紹之後，約翰肯定傳統社會工作對個人尊重的價值，以及環境和可能結果的知識與相互的責任為基礎的自我決定。約翰的介入策略利用個人行為、團體行為和系統操作的社會工作知識。「服務計畫」是對不同的個人和工作場所，由系統化的評估，最後所作的執行和協調工作，以及與耐德的合作關係上先建立信任感的技巧。

因為耐德感覺到約翰瞭解而且支持他的立場，他真誠地要幫忙解決問題、給與關心，耐德對諮商員承諾會去找L博士，即部門經理（耐德早先曾經接觸的那位）。這個會面的目的有三：學習L博士如何瞭解情況、L博士在整件事中的立場，並與他一起評估何種行動才可能解除各方的疑慮。耐德也對約翰承諾會向人事部門、EEO辦事處和工會代表說明。

約翰選擇部門經理當作第一個見面的人，因為瞭解這個人的職位將會決定後來的會面，將如何、在哪裡、與誰，以及順序為何。為了得到單位主管的重視和關心，約翰推斷自己必須對經理表示主動、明確的支持。一開始去找單位主管似乎是不理智的，因為耐德已經去找過他們的頂頭上司了。在這個例子中，約翰角色上的任何努力，像是維護耐德的權利（不是站在較中立或問題解決的立場），將會被主管解釋為含有敵意。即使沒有敵意，單位主管的意見之後也會被經理否決。約翰也許必須先幫助（教育）L博士，修正其對工作場所不同的觀點和哲學，以發展聯合計畫包括採納來自屬下的意見。

約翰希望能夠和人事部門、EEO和工會辦事處商談，因為他期待他們在實現計畫時成為有用的盟友。他之前曾經處理很多的議題，和每個人都有互惠的關係。約翰知道當問題尚在EAP討論時，這些人會延遲他們領域中的行動。在這些部門，正式的行動對各層級的員工均有很深的影響，包括他們本身。因此他們很謹慎、遲疑的行動，若情況能在自願和非正式的基礎下解決，如透過EAP的介入，他們也樂見其成。在這個個案裡計畫的履行，正如在許多其他的環境裡一樣，需要確認並且與潛在的合作者配合的能力，並克服抗拒的力量。和其他部門的人員巧妙地磋商，時常是努力的一個部分。

在所有的例子中，並未要求要和EAP人員舉行會議或是遵守EAP的建議。在EAP裡面，個案管理活動必須要發生，沒有強求「治療計畫」或任何其他的官方和有責任的系統。在這個案裡，EAP契約外的服務（contracted-out service）會比志願和推薦基礎的服務，較不被公司政策和程序所約束。換句話說，EAP沒有純粹的權威或權力的基礎。因此，EAP人員的能力、技巧和正直，決定了在組織裡面服務的重要性，結果，它的力量獲得管理階層某種程度的默許，來解決個人和員工的困難。

在和L博士的會面中，約翰讓經理同意許多有關耐德的事，但是感覺到單位主管的害怕。他們在公司待很久了，而且L博士相信他們有管道找到他的上司，並嚴厲批評他。藉著EAP的管道，L博士樂於獲得一些意見。這些會面的資料和事實是機密的，要遵守任何的建議也是自由選擇的，L博士覺得約翰瞭解他的情形並且希望提供協助。在幾次會議之後，約翰和主管發展有條理和實用的計畫，包括考慮各方關係人的感覺、態度和意見。

計畫的執行與協調

在約翰與經理共同發展計畫步驟中，包括和單位的每個成員個別會面，由遴選出的次級團體開會，如一位主管和幾位員工，最後，單位和部門主管的全體成員會面。個別會面的目的是在判定個人的角色和立場，以及妥協的可能性，發展值得信任的關係，並發展整體的觀點，發展為單位中多數人服務的計畫。約翰和L博士小心地評估每一個將會遇見的狀況。他們使用角色扮演的方法，給L博士預演的機會，以掌握可能發生的相關議題和反應。全部的團體會面被組織起來檢討共同關心的事以及尋求共識的部分。

上例中共舉行十七次的會談來執行計畫，大部分都包括約翰在內（但不是全部都是）。然而，他親自監督每個會談的結果，以評估之後會談中修正的需要。這些會談衍生出一連串的活動和任務。約翰負責協調溝通和資料的交換並進行追蹤，以維持活動的進行。個案管理者在計畫的執行和協調過程裡的技巧範圍和複雜性，反映耐德這個個案最後的結果：

1.由員工、主管和工會代表一起設計新的工作守則。最初，約翰要求每個已經被僱用的人,寫下他或她所覺得正確的工作陳述。這些成了比較和澄清不同期待的討論基礎。所產生的工作守則(job descriptions)是這些人高度的友善和一致的基礎上所建立,而且公布在每一個工作區域中,作為將來有爭論時的參考。工會和EEO辦事處都對這個提案感到滿意。耐德將樂見,他的三個主管不再要求用三種不同的方法要他執行工作。

2. 與主管每月固定一次開會,第一次是針對全部的人員介紹,任何一個人也能夠安排議題在討論的議程上。利用「品質循環」(quality circles)的概念(是由日本人所引入,在許多美國的企業中已經使用),把「階級」(class)及合法性引入會議中。實際上這和社會工作概念,人的參與、對決定的控制並沒有太大差異。約翰曾經策劃這個計畫和組織會議,提供文件資料給經理,在最初二次會議中,擔任觀察者和講評者。

3. 建立每月定期的個別督導會議。這項想法是要主管人員持續進行評估、聯合程序、協助和訓練員工可能的缺陷。在這之前,評估是在年終時才由管理者單方面填寫,然後交給員工。約翰的活動包括以健全的監督過程提供非正式的訓練。

4. 耐德和曾經反對他接受訓練活動的主管會談三次,兩次和約翰,一次和人事部門的長官及約翰會談。參與者最後同意,人事部門撤銷反對行動,但耐德之前兩次擅離職守的記錄仍記在主管的非正式檔案中。約翰也和耐德討論並以角色扮演的方式處理工作時的憤怒及脾氣。約翰也和耐德的主管談論當困難出現的時候,可以處理的方向。

5.耐德說他可能考慮約翰長期治療的建議，而且將會和他的母親談論去看諮商員的可能性。在此時，約翰同意當「情況太緊張時」會定期地去看耐德。

6.L 博士得到一張「傑出」證書，而且因為解決一些長久問題而得到獎賞。

7.約翰覺得滿意這個計畫的執行，特別在某些方面對問題的進步有助益。耐德個別的需要被連續處理，這在他的工作績效上有正面的影響。以協調和廣泛方式反應的系統，對耐德的情形和所有員工問題都有所回應。系統的目標和需要，包括高水準的管理，也獲致協調處理。

結　論

　　在工作場所裡的個案管理充滿了機會，為管理者和員工提供較滿意的方式一起工作及生產。它以社會工作知識，洞察力和技巧，將來自組織發展的概念予以人性化。社會工作者在 EAP 的實務中，可以塑造個案管理角色的本質和範圍，反映在本章中所提出的技巧和觀點。個案管理者如何定義自己的角色是必要的起點。

參考書目

Gray, M. and D. Lanier, Jr., 1987. *Employee Assistance Programs: A Guide to Community Resource Development.* Troy, MI: Performance Resource Press.

Hage, J. and M. Aiken, 1970. *Social Change in Complex Organizations.* New York: Random House.

Lanier, D., Jr. and M. Gray, 1987. *Employee Assistance Programs: A Guide for Counselors.* Troy, MI: Performance Resource Press.

Masi, D.A., 1984. *Designing Employee Assistance Programs.* New York: American Management Associations.

Wenzel, L., 1988. "Effective Case Management Systems: Integrating Cost and Service Needs." *Occupational Health and Safety* 61:37–41.

第*10*章

監督兒童福利服務

——Rebecca L. Hegar

◆個案管理的兒童福利背景

◆在兒童福利實務中的個案管理模型

◆作為助人關係的個案管理

◆監督兒童福利中的服務輸送

當 Abraham Flexner 在 1915 年的全國慈善團體會議（National Conference of Charities and Correction）發表那篇著名「社會工作不是個專業」的評估時，他認為社會工作者「不像是個專家……倒像是專門在召集專家的仲裁人」（Flexner 1915, p.588）。七十五年以來，社會工作者爭辯著 Flexner 的結論（Austin 1983），許多現在有關個案管理的辯論，都集中在「專業」的角色定義上。雖然定義的問題確實存在，它主要的社會工作功能便是協調其他專業人才的服務，例如在醫院，或其他衛生機構和學校，但如此也挑戰主要的社會工作實務的領域。

因為兒童福利在社會工作實務領域的歷史中，是相當核心的專業，在兒童福利機構裡的個案管理者，包括安排、協調和監督由其他公立單位的社會工作者、私人機構（如醫療、法律、健康、矯治和其他服務提供者）的服務供應。本章提供兒童福利領域的概觀和分析，當作個案管理的環境背景。也要檢驗個案管理不同的模型，探究兒童福利個案管理的關係和人際協助，並討論監督兒童福利領域裡的服務輸送之挑戰。

個案管理的兒童福利背景

兒童福利這個名詞，其定義範圍從二十世紀初，廣義解釋為所有兒童的福利，到現在則縮小為有虐待兒童危機的家庭，所提供的服務。同時會延伸一些服務，像是對勞動家庭的兒童照顧、為有特殊需求兒童的父母提供減輕壓力的照顧、和以學校為基礎的服務（Costin & Rapp 1984）。舉例來說，文獻曾討論個案為殘障嬰幼兒家庭所提供的個案管理要素（Aaronson 1989），Hare 和

Clark 在本書的第 5 章裡已提到這個特殊族群。本章的焦點，放在比較狹窄範圍的服務上，亦即對需要保護的家庭和兒童所提供的服務：在宅服務（in-home services）、家庭外安置（out-of-home placement）和相關的照顧，包括使兒童回到原生家庭或是其他的永久性安置，如收養（adoption）。

現代兒童福利領域的特徵是結合公共領域和私人非營利機構，少數區域的營利組織也提供服務。在 1935 年社會安全法案（Social Security Act）通過之前，兒童福利領域是由私人非營利機構提供服務，例如，屬於宗教和宗教性的兒童之家和寄養照顧機構，以及人道社團介入受虐兒童的服務中。在這個時期，美國兒童福利聯盟和美國人道協會（the Child Welfare League of America and the American Humane Association）出現，為兒童提供標準服務、散佈知識並促進機構的優良實務（McGowan & Meezan 1983）。

美國聯邦政府在兒童福利的領域裡，於 1912 年創立了美國兒童局（U.S. Children's Bureau），最初在調查國內兒童的生活條件。之後，由於部分人士對美國兒童局及其他機構內的社會工作倡導者反應，使得社會安全法案讓州政府可使用聯邦的補助金，促使鄉下地區的私立兒童機構可提供兒童福利服務（McGowan & Meezan 1983）。特別在 1962 年社會安全方案的後續調查中，使聯邦的經費可以為符合撫養兒童家庭津貼（Aid to Families of Dependent Children, AFDC）資格的兒童提供扶養照顧服務，並大幅增加公立機構在兒童福利領域的參與。

大部分的兒童福利服務，是由聯邦和州政府針對特殊目的配合款所資助，直到 1980 年通過的「聯邦收養協助和兒童福利方案」（the Federal Adoption Assistance and Child Welfare Act）（P. L.

96-272），基金才能提供給予保護服務，像是兒童受虐調查，以及對寄養家庭及類似替代性照顧場所的兒童照顧。P. L. 96-272 強制而且支持兒童住在他們自己的家庭裡，如果他們要求暫時的安置，歸還孩子給原生家庭仍是第一優先的要務。

　　雖然許多兒童福利服務直接由州立機構提供，但是其他的部分則是從私人機構處獲得，有些是長年與兒童配合的非營利組織。在 1970 年代的中期開始，採取服務購買契約（purchase-of-service contracts）愈來愈多，因為州政府擬刪減公共事務人員薪資，聯邦政府的基金在第二十條（Title XX）法案下變得較易獲得，而州立機構便尋找有效的方式為家庭和兒童服務（Rapp & Poertner 1980）。要在公共和私人的領域裡，尋求最佳的平衡，兒童福利服務的個案管理不失為解決方法之一（Abramovitz 1986; Pecora et al. 1990; Rapp & Poertner 1980）。舉例來說，Pecora 和其同僚（1990）發表在公共和私人領域下執行的家庭保護服務（family preservation services），對於方案設計、人事成本、生產力、效率和其他議題方面都有所不同。家庭保護服務在本章稍後將再討論，因為他們描繪出個案管理實務中一項重要的新領域。

　　兒童福利實務是社會工作的一個領域，一直包含了許多現在被歸類於個案管理的功能。自從早期的兒童保護協會和兒童之家（child protection societies and children's homes）以來，有人必須擔任選擇及確保法律協助、醫療照顧、評估和諮商、娛樂、教育和其他社會機構服務範圍的責任。在安置兒童的情況下，機構的社會工作者除了實現傳統上家庭為其成員所扮演的角色外，亦須實現個案管理角色。這是以代理父母的身分（in loco parentis）來服務的部分。不過，雖然其角色有著明確的功能和界限，但個案管理就像在其他領域中一般，它在兒童福利領域中也是新秀。

在兒童福利實務中的個案管理模型

　　文獻中最早採用個案管理的兒童福利方案，著名的有1970年代中期有名的奧勒岡州和阿拉巴馬州的永久計畫方案（permanency planning projects），（Emlen et al. 1978; Stein, Gambrill, & Wiltse 1977; Wells 1985）。永久計畫包括有目標的工作，通常由州政府的兒童福利工作者或由補助金模式計畫所聘用的人員所管理，使機構裡遭虐待或棄養的兒童有固定的家庭照顧。永久計畫包括和家庭共同進行有時限、目標導向的工作，以改變阻礙兒童回家的條件，這些工作通常包括一連串的家庭會議，定期的監督進步狀況和更新服務計畫。

　　永久計畫的原理原則是基於，兒童在一段寄養照顧時期之後，不能夠安全地回到他們的家庭，或者在安置一年或是一年半到二年之間，應該合法的使其脫離機構，或與親戚同住，或是收養、監護等安排（包括在某些州非收養的永久監護狀態）。兒童回家的時機或是終止父母的權利，和另一個永久安置，都需要和少年法庭系統仔細協調，以確保公聽會的安排及舉行、各方均被適當地知會，證據被收集而且保存，對法院做出強制性的建議。模範的永久計畫方案採用定期對兒童安置個案的法院複審，以監督親子團圓的進程或決定恢復或終止父母權利的時機。在1970年代裡永久計畫的努力，明確顯示相當成功地達成大部分的目標（Barth & Berry 1987），早期模型計畫的許多特點也納入了P. L. 96-272，所以州政府必須遵從這些法案，才能獲得聯邦基金。

　　在兒童被虐待和棄養的情況中，個案管理也給予兒童持續的保護服務和家庭治療。全國兒童虐待和棄養的示範方案（The National Demonstration Program in Child Abuse and Neglect），包含了十一個公共和私人的兒童虐待方案，在1970年代晚期和1980年代早期遍佈美國及波多黎各（Cohn & DeGraaf 1982）。它包含了研究的成分在內以評估與高品質個案管理服務相關的因素以及服務對案主結果的影響。

　　與個案管理者、外界評論家利用機構的記錄和會談，以便將個案的管理分級。這項研究確認了兩件事，一是個案處理實務，如召開科際整合團隊會議，二是與高品質服務有關的工作負荷量及訓練的議題。二十個或更少的個案負荷量（case-loads）、個案管理者至少要有三年以上與受虐兒童配合的經驗，以及具備專業學歷等因素，皆與服務品質息息相關（p < 0.05）（Cohn & DeGraaf 1982）。雖然個案管理服務的品質，未發現能減少案主被虐或棄養的可能，但這項研究的本質還在被探究中。它也可能不切實際地期望單以有限時間的管理就能對長期及多重原因的兒童虐待或棄養問題有所影響（Hegar & Yungman 1989），在本章中將討論這個議題。

　　在過去的十年，在兒童福利領域裡的優先事項已經擴大超越保護服務和寄養照顧的範圍，如個案管理服務在何處可被有效地利用。許多現存所關心的重點在於兒童接受州政府照顧服務的問題上，這與1990年代家庭負擔過重的都市問題有關：無家可歸、後天免疫不全症候群（AIDS，俗稱愛滋病）、藥（古柯鹼和其他的藥物）、不安全的鄰居、被孤立、破碎家庭（Hegar 1990）。同時，重點也起了變化，從兒童像涓涓細水般流入寄養服務系統，到兒童大量湧入個案管理這個新領域——為家庭提供密集的在宅服務。這大範圍的創新（initiative），也包括家庭保護服務（family preservation services），目前正處於發展中的示範計畫和模型方案的階段，它和二十年前的永久計畫多所相似之處。

以密集家庭服務的概念，是藉由全力協助危機中的家庭，來避免兒童的移動和安置，不論虐待和棄養，或是由於周遭環境所造成的虐待，如果家庭不接受協助，則將會費盡更多力氣。方案嘗試利用有效的緊急金援、緊急住所，例如為父母提供管家及助理的支援，和比正常情況更多時數的專業協助。Pecora 和其同僚描述家庭保護方案如下：

> 這項服務和其他兒童福利服務的區別，是在於工作者的個案負荷量較少，約在二至六個家庭之譜，而且和這些家庭配合期間較短（三十至六十天）。治療師和案主會面的主要地方，是在案主的家中，而且提供廣泛和多樣的諮商服務以及「具體」服務，例如交通、清掃房屋和娛樂服務，目的是改善家庭功能和藉此避免兒童的安置。（1990, p.289）

Pecora 等人也討論在公共兒童福利機構內尋求家庭保護方案的價值或是利用私人非營利機構簽訂契約的服務。雖然這項議題是討論如何提供最佳服務的核心，但是有關個案管理者的角色，卻有廣泛的共識。最近美國兒童福利聯盟的增強和保護兒童家庭之服務標準（Child Welfare League of America's Standards for Services to Strengthen and Preserve Families with Children）詳細說明了主要的個案管理角色，包括：參與家庭、判定需求、設計服務計畫、整合並實現服務計畫、定期的檢討服務目標的完成、監督服務輸送過程和有效的終止服務（1989, p.40）。

關於密集的家庭保護服務和較不密集的家庭支持服務的一些創新方案的發展，均由 Annie E. Casey 基金會提倡和保證，它也是兒童福利改革的部分（Center for the Study of Social Policy 1987）。在馬利蘭州和其他州的特選地點均有Casey基金模型（Casey-funded model）的輸送系統，使個案管理成為服務的關鍵部分。Casey模型的特徵包括，超越現存機構和方案的分界線，結合目前在兒童福利、少年法庭、精神醫學和發展障礙服務系統中的各項責任，以更一致的家庭服務方式執行任務（同前，p.24）。對於已存在的殘補式兒童福利系統，某些部分對促進家庭和兒童福址的情形相同。

作為助人關係的個案管理

個案管理另一個困難的議題是，它似乎很自然地陷入「處理個人問題」（people-processing）的角色之內，比較少進入「改變個人」（people-changing）的領域之內（Hasenfeld 1974）。個案管理如何幫助人，在兒童福利領域是重要的議題，因為案主團體正在經驗嚴重的人際問題，而且毫無疑問地需要改變。這個議題在某些機構中並不重要，因為個案管理已經成功地為案主協調服務，例如，在許多醫療或看護的照顧機構就是如此。

某些作者把個案管理視為設計來促進案主成長和改變的助人關係。舉例來說，在Casey基金的創舉中，個案管理被概念化當作一組如下的功能：在實行這些任務的工作人員以及個人或家庭之間的關係條件下，鼓勵家庭成員並使他們能負責必要的改變（Center for the Study of Social Policy 1987, p.21）。Weil和Karls提出在個案管理者所扮演的必要角色中，包括「支持、心理健康介入，以及協助案主作決策和計畫時的諮詢」（1985, p.21）。

Roberts-DeGennaro 也認同個案管理的治療成分,但強調短期和以任務爲中心的工作。她總結個案管理爲「著重在協助確認案主,以及解決他們每天日常生活裡的實質問題」(1987, p.468)。然而,這種協助人們決定實質問題的類型,可能無法充分地幫助他們達成其家庭關係和父母角色的基本改變。Cohn 和 DeGraaf(1982)研究發現個案管理的品質和減少案主虐待或棄養的傾向是無關的,此即上述所謂不充分的一個例子。

個案管理者是否應該幫助案主解決尋求資源及協調服務以外的問題,兒童福利文獻仍在解決這個議題。舉例來說,公共機構中的寄養同時負有個案管理責任,照顧工作人員是否也要擔任其兒童案主的治療師?假如個案需要時,由法院委任協助家庭繼續照顧兒童的工作人員,能否提供家族治療?這些問題突顯了二件事:用最好方法來輸送服務,以及何種單位才能提供公共機構的人員和資源。部分結合兒童福利服務裡角色的爭論,包括該領域命令式的本質,特別是公共機構有責任要對少年法庭做出關於兒童監護和安置的建議(Hegar 1982)。Wells 提出這個議題在應用於個案管理時:

> 公共機構的工作人員也被視爲權威的一個象徵,幫助家庭實現州政府的要求來保護兒童。某些兒童福利機構相信,指派助人和權威的角色給不同的工作人員,是對案主比較好的。另外的學派支持結合這些角色在一個工作人員身上,認爲家庭可以從相同的人身上接受權威和協助。角色曲解(role strain)可能是兒童福利的個案管理中一個難以避免的部分。(1985, p.131)

不管任何機構如何在其人員中區分其服務,瞭解到整體兒童福利領域是權威的（authoritative），而不僅是參與調查或法院工作的角色，是相當重要的觀念。不論實行個案管理的兒童福利人員只是助人的專業人員，或者不論案主是否還有機構內或外的其他工作人員幫助，整個系統都是為兒童保護而努力。舉例來說，任何的受聘或簽約的人員可能被傳喚到法院作證，而且所有人必須承認某些服務的目標，像是改善兒童照顧或改變訓育的實務，是外在社會所強加上的。此外，與個案管理相關的社會工作思想也關心採取的協助所產生的治療性影響，包括具體服務的協助等等（Smalley 1970; Taft 1937）。

人員編制和贊助資金實際的問題，在於個案管理者所能提供的照顧類型上。當然，個案管理的一個特徵是經由比較好的服務協調來抑制成本，這點須訴諸決策者。對於個案管理專業角色有興趣的社會工作者，時常被提醒他們所認為服務可由無專業資格的人提供的假設是很危險的（Ashley 1988; National Association of Social Workers 1989; Rapp & Poertner 1980）。在兒童福利領域裡，個案管理者的資格限制是一個複雜的議題，社會工作二十五年來的趨勢朝向社會工作職位不分類的方向發展，開放給沒有專業學位的工作人員進入（Russell 1989）。許多年以來，對私人和公共機構裡人員標準的設定、美國兒童福利聯盟和美國兒童署（the Child Welfare League of America and the U.S. Children's Bureau）定義社會工作碩士學位（MSW）為許多兒童福利工作基本的條件。1960 和 1970 年代服務迅速地擴充，除了使社會工作方案中的學士數量成長之外，也使得較多學士程度的人員加入這個領域之內。1980 年代，因大力推動不分類法，而使得不再需要社會工作學歷，在成本縮減以及某些地方因公共機構短缺 MSW 人才須補充人員，此方法於是占居上風（Russell 1989）。有

44％的州參與了一項研究，決定初級的兒童福利人員，不再需要任何科系的大學文憑（同前）。

這個趨勢的結果，造成在公共兒童福利機構裡面的直接服務人員（direct-service staff）的教育資格起變化，雖然確實有許多州較喜歡僱用社會工作者，但最大的變化可能是，受過比較好教育的人員退出，而新進的社會工作者則避免到公共的兒童福利機構工作（Lieberman, Russell & Hornby 1989; Pecora, Briar & Zlotnik 1989; Russell 1989）。個案管理的興起，大約是與這些人員轉換相同的時期，而使得某些人視個案管理的角色，成為否定專業化（deprofessionalization）的一部分（Rapp & Poertner 1980）。然而，個案管理者教育的條件讓他們能清楚地把任務和每一個組成功能，整合到專業的助人關係上。無論個案管理者是否亦為案主執行治療的任務，都需要高層次的專家來達成任務，這是個案管理程序中固有的一部分，包括監督服務輸送在內。

監督兒童福利中的服務輸送

監督服務輸送是個案管理的一個主要成分，在本書的第2章已經介紹，全書亦有詳細說明。本章以下的章節，將思考在兒童福利的個案管理中，是何種環境促使監督成為一個特別重要的層面。

大多數的兒童福利服務，是在法律要求的一個複雜系統下所輸送的。包括由州政府的法律指示機構，接受並且調查虐待和棄養的報告、聯邦的基金法案要求法院定期複審寄養照顧個案，以及個別的法院下令要求機構去督導安置或是監督在自家居住的兒童之安全。許多地方性的司法審判中，已經把安置服務，放在法院指派人員的持續監控之下（Stein 1987）。雖然許多社會工作服務都是在法律命令下執行，但法案、行政及法院體系的高度整合亦是兒童福利領域的重要特徵之一。

因為法律時常描述兒童福利人員的義務，特別對兒童福利領域，也因為如果由這些人員所做出的決定不當時，可能產生對案主潛在性的傷害，所以責任在兒童福利領域中相當受重視。Besharov（1985）引用許多對機構和職員的訴訟，來作為工作人員不當決定的例證：未接受調查報告、未能適當調查、不必要侵犯性調查、中傷父母親、無法將兒童安置在被保護的監護環境中、錯誤地移置兒童、歸還孩子給仍有危險性的父母、安置於有危險性的寄養父母、安置對他人有危險性的寄養兒童、洩漏機密資料、無法滿足兒童特別照顧的需要、無法處遇病人、無法安排兒童收養和未提供充分的個案監督等等。談到個案的監督程序，Besharov（1985）特別提到，當兒童和家庭都在法院管轄之下時，可監督兒童在原生家庭所受的照顧，然而在個案的每一個步驟裡，從接案到結案之間，都需要監督。其他的人已經寫有關法律的弱點，也認為對服務的監督、檢討以及評估是預防執行不力和責任的表現（Holder & Hayes 1984）。因為兒童福利服務是由法律命令和多方責任共管，因此，監督也有許多意義，包括由審查員和方案評估人、法院官員、參與個案評估的公民以及機構本身的主管和行政人員共同監督。大多數的這些比較高層次的檢討，均有賴負責個案管理的兒童福利人員監督服務的輸送。

兒童福利服務經常是由公共和私人機構網路輸送，它們的關係常被描述成服務購買合同。然而，案主因為合乎資格也可獲得其他服務，不需要機構之間簽訂契約或轉移資金。一個兒童福利的個案，可能包括多樣的服務。舉例來說，班尼特家居住在由第八條基金所資助的住所內，因為醫療和教育的荒廢，而被轉介過來，兩個孩子皆就讀公立學校。個案管理者可以幫忙這個家庭獲得醫藥協助、婦女、嬰兒和兒童食物津貼，轉介某些家庭成員到社區心理健康中心，尋求評估和可能治療的機會，以及為兒童作教育評估和個別化教育計畫的安排。

　　對班尼特全家而言，在大多數社區，服務的尋求和獲得是以低收入和其他的家庭特性為基礎，而且個案管理者並沒有特別的控制其可及性。在此情況下，授權兒童福利工作者監督服務情形的個案管理責任，並不會比學校社會工作者或公共衛生護士來得明確。無論由何人執行專業人員角色，家庭可對其成員所利用的服務表達意見。美國兒童福利聯盟（Child Welfare League of America standards）為家庭服務設定的標準為：

> 社會工作者應該幫助家庭監督和評鑑其接收到的服務。以判斷這些服務是否適當和正確地根據契約而提供，例如每週提供服務的鐘點數。（1989, p.41）

　　在另一個家庭情況的類型中，兒童福利系統的監督責任就比較清楚了。在第二個例子中，柯伯家裡有一個孩子被人舉報遭受到性虐待，需要立即的診斷，並且在郡醫院裡進行。警察拘捕父親，然而他在審判期間，從拘留所中被釋放出來，所以他的孩子需要暫時的安置。少年法院的司法審判權，給予九歲的莎莉一個暫時的監護。她被安置在機構的寄養家庭，而且在家庭服務機構所辦理的性虐待方案中接受每週一次的治療。她也開始參加由兩個兒童福利工作人員所帶領的受虐待受害人的支持團體。母親被轉介到父母聯合會（Parents United，一個家裡曾有性虐待事件發生的自發性自助團體），而且她得到限制丈夫靠近的命令。父親也接受與兒童福利機構簽約的心理學家之評估。其他的孩子則接受機構特約小兒科醫師的醫療檢查，兩歲的提米則接受托兒所照顧並由機構支付費用。在柯伯的個案中，兒童福利機構成為其他服務供給者的中心點，一方面是因為該情況很清楚的是一件社區兒童保護事件，另一方面是因為機構有立場提供或購買所需服務。

兒童福利個案管理者的監督責任在這兩種情形裡是不一樣的。在班尼特的個案裡，「個案協調」（case coordination）可能是最佳的說法，因為其任務是與班尼特以及眾多的服務提供者保持聯繫，以判定所接受的服務是否是必要且計畫周詳的。因為並無明文規定說明該角色只屬於兒童福利個案管理者所有，所以由來自不同系統的人員之間明確地討論決定誰來領導是必需的。一個個案愈是清楚地被定義兒童保護事件，兒童福利機構愈可能執行監督的角色。無論誰擔任管理的角色和監督的任務，均可能由個案管理者和機構執行監督之任務。服務輸送的外在監督不受強制命令所限。

柯伯家庭的情形則是非常不同的事件。其他的社區系統，包括警察、少年法庭或者是區域的律師都承認這是兒童保護個案。因為少年法院的判決，所以兒童福利機構有權力，強制柯伯家庭接受醫療、心理健康和教育系統的服務，而且兒童福利機構最後將會有責任管理和監督服務。

在監督對柯伯家庭的服務上，兒童福利的個案管理者必須確保服務的遞送能符合其他系統的要求。舉例來說，接受聯邦資金支援的法規，將要求在少年法院中舉行一連串的檢討聽證會的動作；機構的永久計畫政策是定期、強制的要求柯伯家庭，召開家庭團隊會議（family team conferences），為家人團圓作計畫及監督工作；在先前扶養照顧的訴訟判決中要求機構工作人員每月探訪莎莉一次（或更多次），而且允許母親和女兒能每週見面。雖然柯伯家以和班尼特家相同的名義，享有服務遞送的監督，但是一些服務卻是強迫加入的，這使得要家族成員參與過程的任務更具挑戰性。

　　因為許多不同服務系統的參與，與兒童福利機構相聯繫的責信問題、與許多案主間非自願的關係等，使得監督服務輸送成為兒童福利個案管理者最困難的任務之一。在困難的環境下要說服案主參與需要有力的技巧（strong skills），像是溝通和談判的技巧、高組織化的記錄保管、在截止時間前完成任務的能力、出席法院的言語技巧，以及面對許多不同人士所表現的專業可信度。不論兒童福利的個案管理者是為公立單位或私人機構工作，也不論他們有否社會工作學位或其他學位，也不論他們是否對案主採取其他助人角色，但他們所做的顯然比「召集專家」的工作還要多。雖然個案管理裡的每個步驟對支持整個過程都是必需的，但是監督卻是提供兒童福利服務的基礎，因為它是機構對案主和社區負責的宣言。

參考書目

Aaronson, M. 1989. "The Case Manager–Home Visitor." *Child Welfare* 68:339–46.

Abramovitz, M. 1986. "The Privatization of the Welfare State: A Review." *Social Work* 31:257–64.

Ashley, A. 1988. "Case Management: The Need to Define Goals." *Hospital and Community Psychiatry* 39:499–500.

Austin, D.M. 1983. "The Flexner Myth and the History of Social Work." *Social Service Review* 57:357–77.

Barth, R.P. and M. Berry. 1987. "Outcomes of Child Welfare Services under Permanency Planning." *Social Service Review* 61:71–90.

Besharov, D.J. 1985. *The Vulnerable Social Worker: Liability for Serving Children and Families*. Silver Spring, MD: National Association of Social Workers.

Center for the Study of Social Policy. 1987. *A Framework for Child Welfare Reform*. Washington, D.C.: Center for the Study of Social Policy.

Child Welfare League of America. 1989. *Standards for Services to Strengthen and Preserve Families with Children*. Washington, D.C.: Child Welfare League of America.

Cohn, A. and B. DeGraaf. 1982. "Assessing Case Management in the Child Abuse Field." *Journal of Social Service Research* 5:29–43.

Costin, L.B. and C.A. Rapp. 1984. *Child Welfare: Policies and Practice*. 3rd ed. New York: McGraw-Hill.

Emlen, A., J. Lahti, G. Downs, A. Mckay, and S. Downs. 1978. *Overcoming Barriers to Planning for Foster Care*. Washington, D.C.: U.S. Government Printing Office.

Flexner, A. 1985. "Is Social Work a Profession?" Pp. 567–90 in *Proceedings of the National Conference of Charities and Correction, 1915*. Chicago: Hildmann.

Hasenfeld, Y. 1974. "People Processing Organizations: An Exchange Approach." Pp. 60–71 in *Human Service Organizations: A Book of Readings*, Y. Hasenfeld and R.A. English, editors. Ann Arbor: University of Michigan Press.

Hegar, R.L. 1982. "The Case for Integration of the Investigator and Helper Roles in Child Protection." *Child Abuse and Neglect* 6:165–70.

———. 1990. "Child Welfare in a Social Context: Challenges for Social Work in the 1990s." *Tulane Studies in Social Welfare* 18:37–45.

Hegar, R.L. and J.J. Yungman. 1989. "Toward a Causal Typology of Child Neglect." *Children and Youth Services Review* 11(3):203–20.

Holder, W. and K. Hayes. 1984. *Malpractice and Liability in Child Protective Services*. Longmont, CO: Bookmakers Guild.

Hutchison, E.D. 1987. "Use of Authority in Direct Social Work Practice with Mandated Clients." *Social Service Review* 61:581–98.

Lieberman, A., M. Russell, and H. Hornby. 1989. *National Survey of Child Welfare Workers: Impact of Education on Attitude and Perceptions*. Portland, ME: National Child Welfare Resource Center for Management and Administration.

McGowan, B.G. and W. Meezan. 1983. *Child Welfare: Current Dilemmas, Future*

Directions. Itasca, IL: Peacock.

National Association of Social Workers. 1989. "Case Management in Health, Education, and Human Service Settings." In *Social Work Speaks: NASW Policy Statements*. Silver Spring, MD: National Association of Social Workers.

Pecora, P.J., K.H. Briar, and J.L. Zlotnik. 1989. *Addressing the Program and Personnel Crisis in Child Welfare: A Social Work Response*. Silver Spring, MD: National Association of Social Workers.

Pecora, P.J., J.M. Kinney, L. Mitchell, and G. Tolley. 1990. "Selecting an Agency Auspice for Family Preservation Services." *Social Service Review* 64:288–307.

Rapp, C.A. and J. Poertner. 1980. "Public Child Welfare in the 1980s: The Role of Case Management." Pp. 70–81 in *Perspectives for the Future: Social Work Practice in the '80s*, K. Dea, editor. Washington, D.C.: National Association of Social Workers.

Roberts-DeGennaro, M. 1987. "Developing Case Management as a Practice Model." *Social Casework* 69:466–70.

Russell, M. 1989. *Public Child Welfare Job Requirements*. Portland, ME: National Child Welfare Resource Center for Management and Administration.

Smalley R. 1970. "The Functional Approach to Casework Practice." Pp. 77–128 in *Theories of Social Casework*, R. Roberts and R. Nee, editors. Chicago: University of Chicago Press.

Stein, T.J. 1987. "The Vulnerability of Child Welfare Agencies to Class-Action Suits." *Social Service Review* 61:636–54.

Stein, T.J., E. Gambrill, and K. Wiltse. 1977. "Dividing Case Management in Foster Care Family Cases." *Child Welfare* 56:321–31.

Taft, J. 1937. "The Relation of Function to Process in Social Casework." *Journal of Social Work Process*. 1. Reprinted as pp. 206–26 in *Jessie Taft: Therapist and Social Work Educator*, V.P. Robinson, editor. Philadelphia: University of Pennsylvania Press.

Weil, M. and J.M. Karls. 1985. "Historical Origins and Recent Developments." Pp. 1–28 in *Case Management in Human Service Practice*, M. Weil and J.M. Karls, editors. San Francisco: Jossey-Bass.

Wells, S.J. 1985. "Children and the Child Welfare System." Pp. 119–144 in *Case Management in Human Service Practice*, M. Weil and J.M. Karls, editors. San Francisco: Jossey-Bass.

Yelaja, S.A. 1965. "The Concept of Authority and Its Uses in Child Protective Services." *Child Welfare* 44:514–22.

第*11*章

個案管理員的倡導者角色：軍旅中的家庭倡導

——Robert H. Gemmill, David L. Kennedy, James R. Larison, Willard W. Mollerstrom, Katherine W. Brubeck

◆倡導的概觀

◆軍中家庭倡導方案的歷史

◆軍中家庭倡導方案的描述

◆倡導案例

◆結　論

倡導是一般和普遍可用的策略，但任何一個個體或團體無法獨占和複製。但實際上適用於社會的所有層面，不論是對人類、動物、植物或者無生命的物體。然而，倡導技術的應用，因人而異也因團體而不同。此外，有些環境比較有益於倡導。例如，對環境表現出冷淡或者對改變產生敵意之情況，是倡導的高優先範圍。這些都是需要倡導的環境，因為其中所住的族群大多是劣勢團體、被褫奪公權的團體、窮人、被壓迫的人和孤兒。

　　在個案管理實務情境中的倡導，可能是一個自相矛盾的現象（a paradoxical phenomenon）原因有幾方面：首先，透過授權使其在對他們最佳的自我決定利益下行動，這個倡導者有可能與已經建立的個案管理處遇計畫妥協。負責照顧一個個案以完成個案管理目標是很重要的，但是動員個案所有的控制力和優勢來完成一件工作，在道德上仍值得商榷。因此，如何把權力明智地用於完成特定個案管理計畫中，可能是談判的坎坷路。第二，在一個脆弱的人際關係中，有意製造的正向變化，可能會使關係失去平衡，並處於喪失功能的狀態。第三，倡導者可能對展開對其他人極為有利的行動，但是同時可能使倡導者處於情感或者身體的危險中。

　　個案管理角色能使大家滿意，也能對服務輸送產生重大影響，可是倡導的功能是改變的引擎，卻也是很難扮演的角色。這不是一種富有魅力的工作，因為報酬很少、工作困難、工作時間長、成功經常是短暫的，並且支援非常少，這就是社會工作個案管理人員實務裡的真實面。然而，以軍事系統為例，特別清楚地說明了個案倡導的重要以及易犯的錯誤。軍事系統自成一個系統，與其人員簽訂一個契約，但他們也要放棄一定的自主權和自決權（通常普通公民可得到的權利）以交換特定工作及換取自己和家庭的利益。軍事系統的權力結構、階級層次和規範行為的數量（規則和規定），比許多其他系統更清楚地劃分界限、更為正式的和不易由個人進行改變。所有的這些限制和範圍，給予其個人或者家庭有能力和機會去「為他們自己找尋他們所需要的」。這是在軍中家庭倡導方案的個案管理人員的中心事實。

　　本章強調個案管理倡導的實際應用，而非組織或是階級的倡導（Sosin & Caulum 1983），以及個別個案管理人員使用的倡導策略。在此特別提出倡導功能的技巧，它是個案管理角色的八個要項之一（Weil & Karls 1985）。雖然要區分角色、功能和技巧，陳述起來都很容易，但是實務上要把焦點集中於此，卻不說明個案管理角色和其他七個功能要項，是相當困難的。某些倡導技巧的功能與其他個案管理功能的技巧類似或相同。本章是根據作者的經驗討論「軍旅中的家庭倡導個案管理方案」。

　　首先，本章會定義，此處所使用的「倡導」一詞，並討論文獻中所找到的倡導概念。接著，說明在空軍、陸軍和海軍中家庭倡導方案的歷史背景。最後，本章提供三個個案案例，是由許多家庭倡導個案所組成，強調的是倡導的技巧（無論結果如何），而非證明勝利或比較不成功的擔保。

倡導的概觀

　　在社會工作專業裡的一個常見主題，是對個案權利的倡導。長期存在的實務方法，是計畫幫助案主獲得特定的權利和資格，倡導本來就被視為在現存環境中改變案主現狀的工具。隨著政府贊助的個案管理系統的出現，倡導功能變成專業社會工作服務中合法和標準的部分（McGowan 1987）。

　　雖然倡導常常成為協助案主的介入策略之一，但是由文獻的回顧中瞭解，至少有三十個不同的倡導定義，幸虧在這許多定義中有共同的概念存在：McGowan 認為個案的倡導是有計畫和動態的過程：

> 它能夠被最精確地定義為：為一個個別案主或同一個案主群的利益執行派閥介入，以一個或更多個來確保或加強需要的服務、資源或者權利。（1987, p.92）

　　Pinderhughes 指出個案倡導的主要目標是無力感的消除及社會功能的增進，她認為「缺少權力或者無能力、無助感，是社會功能缺乏的根源」（1976, p.1）。Brower （1982, p.141）指出，對已經證明需要的個人或團體，再分配其權力和資源的活動乃倡導之目標。

　　Fowler（1989）確定了幾個派閥角色的要項：⑴病人權利的保護者；⑵病人價值觀的保存者；⑶病人最佳利益的保護者；⑷社會正義的擁護者。然而 Kohnker（1982）則指出進行倡導角色有三個層次：⑴對於自己權益的倡導；⑵對案主權益的倡導；⑶對更廣大社區的倡導。

　　克服案主的無力感，是倡導的關鍵實務策略（Solomon 1976）。幫助案主認為本身是一個擁有知識和技術的人，有能力解決問題，是主要的目標。招募合作者或是夥伴，是影響權力結構的必要措施。

　　把倡導視之為權力的運用，也許對某些社工人員有點陌生或者不快。然而，對社工人員而言，倡導雖然是專業裡的一部分，但是倡導策略的使用卻不是社工人員所喜歡和尊重的。倡導者的角色充滿著行動，對倡導者及案主兩者都具有危險性（Kohnke 1982）。在與官僚組織合作時，個案管理必須具備某些倡導的技術，個案管理員也必須知道如何因應來自系統內的高度挫折，也必須能夠容忍不確定性和阻礙的力量，而且必須有點運氣（Brower 1982）。除此之外，對每個引發倡導的個案而言，都是由許多個別的情況中收集資料，來支持一般的倡導立場，它也會使社工員面臨忠誠度的衝突（對案主忠誠還是要對機構或組織忠誠），這是必須解決的問題。

有關於權力的使用這個矛盾心理，反映在社會工作直接實務的本質上。一個很有趣的弔詭現象產生，在社會工作直接實務的課程裡，經常強調倡導，但是相同的課程裡，權力和衝突的策略以及如何使用倡導的技巧卻不常提到。Kohnke（1982）建議，社工員除了要有開闊的心胸之外，更必須具備包括關於系統分析、社會倫理學、社會法律、政治與相關醫療機構資訊，以及廣闊的臨床和社會學知識。

本章的目的，把倡導視之爲使用權力的策略，是爲無能確保自己的服務或者資源的特定案主群，獲得專門的服務和資源。本章中的個案研究，嘗試說明倡導者運用權力經紀人（power broker）的功能，以確保案主的服務和資源。例如，如果個案管理計畫確定了案主需要三種類型的服務或資源，但是案主無法獲得，個案管理者就要成爲一個倡導者，利用權力的策略以確保案主能獲得這些服務和資源。

權力有許多的形式，像是說服的權力、個人的權力和影響、合法的權力等等。不管其形式如何，都是使用權力來獲得服務和執行處遇計畫。權力可帶來改變，但無力感只會使現狀維持不變。

軍中家庭倡導方案的歷史

在七○年代早期，國防部（the Department of Defense, DOD）推動家庭倡導方案，是在對家庭暴力管理的政策和方案下出現的。在全國和軍隊的社區中，不論是對一般的家庭暴力事件，或是針對軍隊中家庭暴力事件的負面影響，都有了高度的警覺和注意。

在 1973 年 3 月，C. Henry Kempe 博士在美國小兒科學會（the American Academy of Pediatrics）的會議中，提到管理軍隊中的兒童虐待問題，受到 Kempe 的注意，於是在美國軍隊小兒科學會（American Academy of Pediatrics Section on Military Pediatrics）的執行委員會會議上，對健康和環境的防衛隊，提供一套建議。在委員會的討論中，發展針對兒童虐待的策略和方案，也持續對處理家庭暴力問題的醫療和輔助人員進行教育。同樣在 1973 年之後舉行的美國醫療協會會議中，針對兒童虐待管理方針上，將健康和環境的防衛隊分成三個部分（空軍、陸軍和海軍）的兒童倡導工作小組。這個小組可以指揮和運用醫療資源，監控現存在軍中的兒童虐待方案所提供的服務。

在 1974 年 7 月，兒童虐待預防和處遇方案（the Child Abuse Prevention and Treatment Act）的通過（P. L. 93-247），為軍隊家庭暴力方案的發展提供了一個催化劑。法律更規定設立「兒童虐待和棄養中心」（the National Center on Child Abuse and Neglect, NCCAN），以及「全國兒童虐待及棄養顧問諮詢處」（the National Advisory Board on Child Abuse and Neglect）。到了 1977

年，現役的每一個軍隊服務分支，都有說明和出版兒童倡導方案的規則。

　　以下是陸、海、空三軍的家庭倡導方案的簡短描述，每一個方案都包括下列十個部分：

1.方案發展。
2.兒童及配偶虐待的預防。
3.早期發現。
4.早期介入。
5.治療和復健。
6.相關方案的合作與協調。
7.報告。
8.工作人員的教育。
9.方案評估或是品質保證程序。
10.和民間公共事業機構合作

　　每一個方案都採取個案管理取向，指派專任的工作人員負起個案管理的功能，以確保服務提供的全面、協調和責任。然而，並沒有廣泛使用個案管理者（case manager）這個名詞，軍隊中自有其稱呼，例如家庭倡導官（the family advocacy officer, FAO）或者家庭倡導代表（the family advocacy representative, FAR）。

軍中家庭倡導方案的描述

空軍的家庭倡導方案

美國空軍的家庭倡導方案是由空軍法第160-38條規定。經由書面的政策、程序和標準，來組織和管理這個方案。方案的目標是要提升空軍所有家庭的健康和福祉，空軍成員才能夠徹底集中精神於他們的工作責任上。這條法規把這項專門的任務歸給家庭倡導官（FAO），包括確認、報告、評估和處遇需要特殊醫療或教育的家庭、處於受傷危機中的兒童，以及有虐待經驗的家庭。有五個主要的方案元素：(1)預防；(2)直接服務；(3)管理；(4)訓練；(5)方案評鑑。

對家庭的初級和次級的預防服務，是從許多基本機構取得和由FAO的職員所監督（所謂的外展工作人員）。外展工作人員確認這些空軍家庭的需要，也透過因應高壓力事件（例如離婚和再婚事件）的方案服務，來幫助這些家庭提升家庭的強度。此外，外展工作人員也提供危機家庭（at-risk families）親職教育和支持服務，主要由熟練醫療技術的職員在FAO的臨床社工人員協調下，提供這些家庭直接的服務，一百二十二個空軍醫療處遇中心都被指派一名FAO。

空軍軍醫處處長直接分派職員管理家庭倡導方案，醫療檢查團隊（the Medical Inspection Team）則確保方案的規定被遵守。政策的指引、標準的設定和每日的操作，都由在德州聖安東尼的空軍基地，十二個主要司令部（軍醫處處長直接分派的職員）的家庭倡導方案管理人員所管理。

家庭倡導人員和其他基本職員，透過個人不斷的教育，和透過由空軍基地的管理者主辦的訓練，在機構的訓練方案中培養其能力，家庭倡導官、治療師（therapists）、律師、醫生和家庭的倡導專家至少每隔一年訓練一次。有一些特別的專家，是DOD家庭倡導命令援助團隊（DOD Family Advocacy Command Assistance Team）的一員，它是科際整合的團隊，對一些多重、複雜的兒童性虐待事件進行協助。

空軍也嘗試進行一項四年的研究計畫，以判斷該對暴力、虐待問題採取何種介入工作，由甚麼人執行、在甚麼條件下執行。家庭倡導方案的評估，則由在空軍基地的空軍軍醫處工作員監督。

陸軍的家庭倡導方案

陸軍家庭倡導方案是在陸軍法第608-18（Army Regulation 608-18）條規定，陸軍家庭倡導方案的政策是在建立預防、確認、報告、調查和處遇配偶和兒童的虐待問題。陸軍的政策有以下四個方向：(1)預防配偶和孩子的被虐待；(2)保護遭虐待的受害者；(3)處遇被虐待影響的家庭；(4)確保能有受過訓練的專業人員介入兒童虐待個案。

家庭倡導的目標是要防止家庭暴力、確保配偶或兒童的暴力事件能被舉報出來、對各項說法的調查、對受到暴力事件影響的家庭提供處遇、使家庭恢復健康的功能。家庭倡導方案是高結構的方案，以授權達到它的目的或者完成任務。權力的使用和完成任務，是在軍隊中很好理解的兩個主題。

　　這項規則很清楚地說明，誰將提供服務及其功能。確認行政程序、訓練要求、關鍵的人和機構、報告的程序以及許多其他的活動。每一個社會工作服務的主辦人，都被任命爲家庭倡導個案管理團隊的主任。這個主任須監督方案，在配偶和兒童虐待個案中協調介入和臨床的處遇；提供後勤和行政支援、人力和資金；提供品質保證以監督和評鑑；從最初的調查開始到結案，確保所有適當的案主和機構都能得到最迅速的通知；提供包括處遇計畫和每季檢討的個案管理；給予所有的直接服務提供者和督導人員每年的訓練。

海軍的家庭倡導方案

　　海軍家庭倡導方案部門（The Department of Navy family advocacy program）是多門學科（multidisciplinary）和多面向（multifaceted）的方案設計，針對兒童和配偶虐待的問題提出對策。海軍對家庭暴力相關事項的準備在海軍教育 1752.3 號秘書處（the secretary of the navy's Instruction 1752.3）即家庭倡導方案，說明其概念如下：

> 家庭的暴力和疏忽，會降低軍事表現，以及軍事單位的有效功能，也會減少在民間社區中軍人的名譽和威信。這與海軍所需要的專業和個人紀律的高標準，無法相容。

　　方案的目標是發展下列活動：對健康的家庭生活有貢獻、確保受害者獲得機構間的協調和適當的處遇、確認施虐者（abuser），並在適當時，採取軍事制裁、打破虐待的循環、鼓勵自願的自我轉介（self-referral）、確保秘密不外洩、提供家庭親職教育方案、與當地民間公共事業機構設計合約章程、設立個案的登記中心。

執行家庭倡導方案的責任，區分為醫療社區（the medical community）和「戰線」（line），或者稱為操作的命令。除了對虐待事件中的醫療外，醫療的處遇能力、醫院或者診所，都要求任用全天候的工作人員（臨床社會工作者）為家庭倡導代表。執行方案的處遇／個案管理方面的家庭倡導代表，接受虐待的所有報告、保持所有個案記錄、在委員會會議中呈現個案狀況、在虐待個案中評論醫療記錄、接觸的醫療行動，和協調包括個案倡導的全部個案管理。此外，還要進行臨床診斷，確保所有家庭都有適當的會談，使所有委員會意見一致，收集所有民間和軍事的報告，對所有家庭進行監督，包括家庭倡導方面的分派和適當的家庭照顧。

位於在所有海軍和海軍陸戰隊的家庭服務中心，須負責預防之方案，並且協助確定虐待的介入和處遇。要求每一個剛就任的指揮官，指定一個FAO（非醫療人員，通常都是家庭服務中心主任），在家庭倡導方案的不同部門間，使所有步驟能夠彼此協調合作。此外，指揮官必須建立多重專業的家庭倡導委員會，對當地政策提供介紹、協調軍隊與民間的合作、鼓勵團隊取向、提供方案的評估、建議資源的分配，以及充當家庭和兒童的倡導者。

海軍人事司令部（Naval Military Personnel Command）則統一集中檢討現役海軍中的亂倫個案（其中不含海軍陸戰隊），並作最後服務人員的資格判定。海軍陸戰隊的個案則由區域性的部門處理。

倡導案例

　　以下幾個案例是倡導個案的例子：有結果的兒童個案、較無結果的兒童個案，和可疑的成人個案。從有結果和較無結果的個案中可學到很多，在這些個案當中的社會工作員、案主和系統中，都在和所有抗拒力量奮戰。

　　不可預期和不可控制的變數，會降低或約束倡導的功能。例如，在相同的個案中，超過一個倡導者的出現，可能會引起利益的衝突或者相互反對的意見。此外，普遍一般大眾關於正確、高尚行為的態度看法，也會約束倡導的功能，而且，在服務遞送的同時，也增加了倡導的功能，有時會對目標的完成產生負面的影響，因為倡導的目標被狀況、地位、權力或者權限所限制。最後，對這些規則、規範、服務遞送系統的專門術語或是服務價值的缺乏瞭解，也可能造成倡導功能打折扣。

　　前兩個個案是處理兒童保護問題，第三個則是處理配偶虐待問題。在這些個案中的倡導焦點，是鎖定任何一種家庭，包括處於危機中的兒童、需要或自己不能取得的服務或介入。每一個個案都分成三個部分：(1)一般的個案描述；(2)個案評估和倡導的策略；(3)該個案倡導技巧的摘錄。

個案一

■個案描述

　　瑪莉，二十歲，單身，養育一個三歲的小女孩，因遭疏忽照顧而被轉介到醫院。瑪麗剛剛完成了初階的醫療技術員課程，再四個月則可進入高級實驗課程。她加入軍隊五個月，是想「開始一個新的生活」，而且報告中提到她的家庭和她中學的男朋友（即孩子的父親）都和她疏遠。她的一位前任男友對她的主管報告說，她長時期不在家，讓她的孩子獨自一個人在家。當她的主管詢問時，她說只有曾經突然地被叫去工作，一下子不能找到保母，所以才使她的孩子獨處。

■個案診斷和倡導策略

　　家庭倡導代表（FAR），接觸了服務成員，也安排和案主在同一天會談。在會談期間，倡導者解釋了家庭倡導方案的目的，並且說明有責任對本地兒童保護服務機構報告這件事。瑪麗很生氣並打斷所有的說明，但是當通知她的孩子是安全時，瑪麗開始合作。

　　在開始評估的期間，這個士兵承認在緊急通知她工作時，她在某些狀況下有一、兩個小時，讓她的孩子沒有人照顧。雖然她仍在等待軍事醫院的兒童照顧中心開放，但也建立了朋友的網絡，在她出任務時幫忙照顧她的孩子。由於收入不高，所以她無法負擔民間的兒童照顧服務。FAR 和她的朋友接觸，以證實她的確已經做了非正式的兒童照顧安排。此外，小兒科醫生檢查並無虐待或棄養的證據。瑪麗說是由於她曾經歷幾次嚴重的壓力，包括在實驗室學校上課、不規則的工作時間、人際關係的缺乏等等。FAR 提供短時間的諮商，以幫助她解決這個問題，瑪麗接受了這些安排。

　　從士兵主管和小兒科醫生的個案檢討報告中得知，家庭倡導委員會（the Family Advocacy Committee）判斷這個個案是「證實有疏忽」。委員會建議：

1. 參加一個爲期六個月的個人處遇方案，目標在管理壓力，改進照顧孩子的技巧，和提升個人人際關係。
2. 由FAR寫封信，要求軍方的兒童照顧中心，優先安置這個三歲的小孩。
3. 案主指派到新實驗學校的命令，必須延後六個月，直到個人治療課程完成爲止。
4. FAR寫一封信給案主的直屬長官，要求她在處遇期間，需要建立工作時間安排表。
5. 安排案主一項維持六個月的任務，讓案主在處遇計畫完成前，不會重新分發新的任務。

在個別的治療中，案主成功地探索一些不適當的感覺，特別是對擔任親職，也針對一些壓力事件，找出因應方法。她參加了單親支持團體，在那裡她獲得了一些朋友，改進她的親職照顧技巧，並且增加了人際應對上的信心。她的主管使她的工作時數穩定，並且使她的三歲孩子能留在日間托育中心。六個月之後，委員會投票通過，案主可以登記進入下一階段的實驗室課程就讀。

■倡導技巧

下面的倡導技巧是本案例中的一些例子說明。

1. 支持服務的成員（champion for service member）：倡導者開發的服務和資源包括一封要求孩子進入軍事兒童照顧中心的信、延緩實驗室的課程然後再恢復學籍、寫信要求案主主管使她的工作時數穩定、有一個暫時性的工作安排，以及提供個別的治療。

2. 明智地善用權力（judicious use of power）：倡導者會使用權力，來獲得確定的服務和資源，不僅使問題穩定也使阻力最小。例如，FAR 寄信給主管人員，請求他讓瑪麗的工作時數穩定，而非命令或者要求工作時數的改變。倡導者能利用這個技巧，使用最少量的權力，來獲得最大的結果。

3. 基礎知識（infrastructure knowledge）：倡導者必須冷靜地處理瑪麗的工作環境、家庭倡導委員會的工作動力，以及軍隊系統三方面的知識，這些知識可以讓工作者在確認服務和資源時，能有方向可以依循。例如，知道兒童照顧中心希望一些例外的情況，能在指導手冊中記錄，所以倡導者需要使用適當的策略，來獲得兒童照顧的服務。這個技巧本身並無法提供資源，但是卻可以讓工作人員知道如何有效運用權力的策略，來獲得服務或資源。

4. 個案倡導的撤出（case advocacy disengagement）：倡導的功能在於獲得並且能夠維持服務或資源，但是一旦判斷出瑪麗習得了獨立的技巧，不須協助時，倡導服務將立即撤出。

案例二

■個案描述

在星期天早上，FAO 收到值勤中的醫療辦公室報告，指稱兒童照顧中心有一個五歲大的男孩有被虐待的嫌疑。她目睹這個母親在日間托育中心前面打這個孩子一巴掌。醫療官告訴FAO他很熟悉這個家庭，並且認為事情的調查將等到次日。

■個案診斷和倡導策略

第二天，FAO 在與兒童照顧工作人員面談後，閱讀這個工作人員的報告。報告指出這個母親是高階指揮官的妻子。工作人員和他的主管討論了這個個案，工作人員擔心可能會有政治的反應，尤其對郡立兒童保護服務中心報告之後的程序會引來激烈的反應。

FAO 和這位長官接觸，並且通知他必須和整個家庭會談的決定。這位長官要求把自己的辦公室當作會談的地方，FAO 同意了這個不尋常的方式。在與夫妻兩人會談期間，這個長官顯然很不高興，但控制了自己的憤怒。這個長官的妻子強烈否認她曾經打過孩子的臉。草簽協議之前，FAO 在雙親的看顧之下，和這個孩子會談，並且感覺到和這個孩子的會談是他唯一可以證明有虐待事實的機會。儘管有父母在場，這個孩子證實他的母親打他的臉而且打得「很用力」。FAO 對主管簡短的報告會談過程，然後按正常的程序，與這個家庭的倡導法律代表諮詢，也向這個軍人的行政管理系統報告。

這個長官來到 FAO 的辦公室，要求個案文件、家庭倡導規則，和屬於家庭倡導的其他文件資料的複本。他也向一位監察員申訴，因此進行對家庭倡導方案的初步正式調查，經過 FAO 的主管直接解釋，懷疑兒童有被虐待時的調查原因後，這個長官和他的妻子獲得了律師和家庭倡導方案聯繫的所有資料合法複本。

當這位長官的法律代表開始自己的調查時，工作人員的壓力也跟著升高。他詢問家庭倡導委員會的成員，想要知道他們是否有孩子，也建議需要有效地評估和決定兒童的需要，並且要考量養育者以及其背後的因素。這個長官的妻子也分別告訴幾個女性朋友，她被控告兒童虐待，而且對這件事情相當煩惱。這些朋友輪流地告訴她們的丈夫，叫他們打電話給工作人員質問他的行為。於是騷擾接踵而至，如軍事法律代表「嚴厲責問」工作人員的長官有關工作人員對指揮官的所作所為，法律代表和監察官都認為兒童倡導法在報告兒童保護服務的陳述方面可自行斟酌。但是工作人員仍然堅持他的立場和看法，對於他應該忽視一個很清楚的規則和法律的建議，表示非常吃驚。報告陳述未達成任何共識。

在這之後的一週裡，工作人員被要求每天對他的主管報告。他不斷提供資訊，來保衛方案和回答對他行動指責的電話。他開始睡不著覺，質疑自己的專業判斷，在社交場合遇到這位長官的朋友時，被指責他破壞了別人的前程。

在工作人員主管的要求下，召開特別的家庭倡導個案管理團隊會議，以檢視這個個案。基於事件的文件、目擊者和小孩的描述，判斷此個案是「證實有虐待」，但是主管卻推翻了這個決定，雖然他同意事件是發生了，但是他認為這不是虐待。他駁回特別團隊會議的決定。隨後，在短時間內，這位長官和他的妻子、孩子，轉移到一個新的軍事單位，因此也結案了。

■倡導技巧

下面的倡導技巧在本案例中，是相當明顯的。

1. 著重家庭倡導任務。特別是使用倡導技巧來完成目標，在本案例中，本來是保護兒童和增強家庭功能，但是取而代之的，卻是用非倡導技巧的功能替代之，主要的原因是倡導的功能完全被無關的行為所取代，例如公共關係、方案辯論、自我防衛、方案文件拷貝等等干擾因素。

2.有效使用武斷、面質和積極性行為。這些行為可能是有效的權力運用策略。非常遺憾的是，在這種個案中經歷了這些策略的影響力而未使用這些策略。這位指揮官說明這些技術的效力，他熟練地運用他們，來使整個家庭倡導方案的目標出軌和滿足自己的需要。

3.重構（reframing）。在幫助或解決問題時遭遇到不合作、抗拒、拒絕以及防衛機轉運作時，在這種情況下，家庭倡導方案和FAO被認為是人人欲除之為快的危險或威脅，FAO不能改變這種認知。雖然重構也許並不是一個主要的倡導技術，但是在有敵意的環境下，倡導的技巧也無能為力。需要去重構的部分包括對職員、主管和社區的教育，讓他們認識到把揭發和處理有虐待嫌疑個案的人隔離和孤立，並不是一個負責任的行動，也是拒絕對再三受虐的兒童和他的家庭提供必要協助的機會。

4.危險的意識和容忍度（risk awareness and tolerance）。如同這個個案所顯示，倡導者必須察覺到有危險、壓力、不確定性、挫折、阻礙、對抗、不公平和缺乏主管的支援等等的狀況。對這些壓力源的低容忍度，會使倡導者置於個人危險和阻礙裡，讓倡導的功能無法發揮。

案例三

■個案描述

黛安娜，二十八歲懷孕，是一個已經有十二年軍事生涯的職業軍人。她和班結婚四年，班，三十八歲，是越南的退伍軍人，目前則是全天候的家庭主夫，他患有戰後精神異常症候群，但情況漸漸好轉。這對夫婦有兩個孩子，十歲的吉米，是和她的前夫所生，以及三歲的班卓拉。黛安娜的母親已六十九歲，患有老年癡呆症，目前和他們住在一起。

■個案診斷和倡導策略

在打了幾通匿名的電話詢問有關緊急事件庇護所後，家庭倡導社工員確認黛安娜有被配偶虐待的情形。她被勸說到急診室，以文件證明她臉上和手臂的瘀血，她的鼻子也被打得流血了。她說當班喝醉酒回到家時，他會因為她睡著而以棍子打她，班並不聽從醫生的指示服藥，並且把流汗當作她與另一個男人上床的證據。黛安娜叫警察來幫忙以停止班的虐待，但是，他們告訴她假如她控告他，警察才能幫助她將班趕離家裡。她沒想要提出任何告訴。

黛安娜也抗拒去庇護所，因為它沒有日間照顧的功能，而且離吉米的學校很遠，也害怕她的母親會因為她不住在家裡，彼此變得更陌生。雖然班有口頭上的虐待，但是他從未實際上虐待過這些孩子或者黛安娜的母親。班有效率地買東西、煮菜和清潔，黛安娜寧願為班照料生活起居，而冒著她個人安全上的危險，與班繼續住在一起。如果她稍後會進行部署或者尋求幫助，那麼班的存在也提供了軍事單位使用「家庭計畫」的需要性，而她母親的存在可以確保班沒有虐待這些孩子。

就在急診室訪視之後的第三天，社工員和社區健康照顧護士一起進行家庭訪視，黛安娜臉上還有黑眼圈，並且說班的房子中藏有一支槍。由於她接受服務的時刻越來越近，她仍然繼續抗拒去庇護所。她的解決辦法是要在請產假時，帶她的孩子們和母親去阿姨家中。因為她曾有一段長時間不在家，而班就離家出走了，她感覺到他「不再回來」。最後，她同意考慮把母親安置於護士之家。

由於危機程度相當高，工作人員找了黛安娜的長官、士官長、軍法官、軍方精神病理學家、社區健康護士及黛安娜本人，一起召開會議。社區健康照顧護士同意安排進行一項評估，以瞭解是否能得到護理之家的進入許可。另外有一個計畫想把班的來福槍從房子內弄出來。工作員協助她獲得婦女、嬰兒和兒童的補助品和郡的兒童照顧保證，也安置了軍事兒童照顧服務。

黛安娜沒有去阿姨的家，並且班確實地離開了這間房子。然而，在她的產假結束時，黛安娜接到不能攜帶伴侶（或家庭成員）前往韓國報到的命令，因而陷入新的危機中。在個案管理團隊的一致努力之下，工作員安排把黛安娜的名字刪除。黛安娜的母親則安置在護理之家，接受日間照顧，但是幾個月之後，班回家了，並且又開始打人。這項消息也令黛安娜擔心其個人的安危，工作的壓力則讓她呈現短期的精神病狀況，這時由班照顧孩子。出院之後，黛安娜決定離開班。她和這些孩子們搬到女性朋友家中。她自願進入民間的精神疾病單位，在兩星期以內卸下壓力和離開這種狀態，現在與她的姊妹住在一起。

個案繼續保留，以處理無法預料的狀況，例如班可能回來。隨著軍對的縮編，黛安娜可能被撤職或者她可能又接收到新的命令。不論哪一種狀況，黛安娜都不會失去兒童照顧的資源和家庭倡導方案的支援。

■倡導技巧

這個個案是成人倡導的一個案例。依照定義，成年人被授權管理自己的問題和生活，經常可增加成功的可能性。不可解決的問題和不可預料的處遇計畫相結合，可以在另一個危機發展以前，預測需要處理的時間和程序。這個個案並沒有確認倡導的技巧、信念和價值。但是認識這些信念和價值，卻是相當重要的，因為有助於我們認知倡導的限制和確定倫理的問題。這個個案的一些信念和價值如下：

1. 能夠支持成人案主的信念和價值觀，儘管這個成年人是短視的、自我挫敗和不講道理時亦如此。
2. 能夠接受成年人會有權利以認為對自己最有益的方式行動。
3. 能夠接受人有將長期的生涯規劃和個人困難結合，而產生進步的能力。
4. 容忍問題沒有適當解決方法的狀態。
5. 接受有些案主就是處於脆弱的平衡（fragile balance）中，若有更進一步的介入時，即會打破這樣的平衡。
6. 相信即使奉獻大量的時間，也只會得到最小的結果，而這結果也隨時會不見的狀況下，仍然值得案主花費這麼多的時間。

結　論

這三個個案提供了一些倡導的技巧、執行個案管理目標的信念和價值。這些個案顯示，沒有一個個案能有一致的作法和可預期的結果。倡導者要使用權力的策略，動員服務和資源以達到服務輸送的目標。

　　軍事系統提供一個有用的情境，使我們能夠檢驗和關注一些主要的倡導議題：權力的差異、面質的個人風險、系統的支持和不支持等的環境問題。然而，這些議題並不單單發生在軍中，社會工作個案管理人員需要在設計策略時，考慮到這些因素，並作爲評估工作和技巧的能力，使社工人員能在服務的工作中得心應手。

參考書目

Brower, H. 1982. "Advocacy: What Is It?" *Journal of Gerontological Nursing* 8(3):141–43.

Fowler, M. 1989. "Ethical Issues in Critical Care." *Heart and Lung: The Journal of Critical Care* 18(1):97–99.

Kohnke, M.F. 1982. *Advocacy: Risk and Reality*. St Louis, MO: C.V. Mosby.

McGowan, B.G. 1987. "Advocacy." Pp. 89–95 in *Encyclopedia of Social Work*, 18th ed., A. Minahan et al., editors. Silver Spring, MD: National Association of Social Workers.

Penderhughes, E.B. 1976. "Power, Powerlessness and Empowerment in Community Mental Health." Paper presented at the Annual Convocation of Commonwealth Fellows. Chestnut Hill, MA, October.

Solomon, B.B. 1976. *Black Empowerment*. New York: Columbia University Press.

Sosin, M. and S. Caulum. 1983. "Advocacy: A Conceptualization for Social Work Practice." *Social Work* 23(1):12–17.

Weil, M., and J.M. Karls, and Associates. 1985. *Case Management in Human Service Practice*. San Francisco: Jossey-Bass.

第 *12* 章

評估：個案管理者和品質保證
—— Monika White & Lynn Goldis

◆個案管理概論

◆個案管理和品質保證

◆案例：老人照顧網絡

◆SCN 中的服務品質保證

◆結　論

個案管理常常被描述成「良好的舊式社會工作」（good old social work），或是「良好的舊式免費計畫」（good old discharge planning），或者是「良好的舊式公共衛生照護」（good old public health nursing），或者「良好的舊式社區工作」（good old community work），成為確保適當的服務整合，以符合個人需求的基本方法。儘管有關與其他專業相似或是不同處的爭辯，一直無法有個定論，但是個案管理的「實務」界仍然繼續不停地開展新的服務範圍。不過，個案管理並非萬靈丹（Kane 1988a），每當它成功地建立一個模式，也不過使他成為許多私人實務（private-practice）或是以機構為主的專業工作者（agency-based professionals），和他們所服務的脆弱人口群，所能選擇的方法之一（Grisham et al. 1983）。因為它很容易在任何類型的服務系統中執行，它也已經被很多機構所採用（Kane 1988b）。

標準、認證、鑑定或者一致性的訓練內容都不存在時，實務中的各種變化更需要加以注意。控制或保障服務品質的期望，是極具挑戰性的。本章將解釋為數百位在社區居住的老年人的個案管理方案中，如何去面對這樣的挑戰。

在醫學領域之外的個案管理品質保證的議題中，才剛剛開始在文獻中提出，但仍然不多見的。前不久出版的二冊刊物則特別提到這個問題（Applebaum 1989; Fisher & Weisman 1988）。這個問題經常都著重在機構照顧（institutional care）或者家庭健康（home health）的範圍上（Staebler 1990）。

在個案管理方案裡，有系統的品質保障相關議題的研究，仍然是一個未經開發的領域。這很可能由於這個領域是相當新、臨床工作也一直不停地發展的特殊領域，而且發展具有過程導向實務的照顧標準本身就有困難，所以難以測量其結果。事實上，在每種類型的人群服務組織中，有大量的服務是透過個案管理傳遞給案主，更增加這項議題的挑戰性。

例如，個案管理可能是公共領域、非營利領域或者實務界的一部分，它的目標範圍從費用的節省到提供精神病人住院的選擇不等，財政支援可以透過補助金、合約或者酬金而來。個案管理人員也許是社會工作者、護士、半專業人士、專業人士，甚或是志工。目標人口則可能是特定年齡者（例如老年人、兒童）、特定情況者（例如愛滋病患者、發展障礙者），或者特定收入者（如低收入），更進一步區分的特殊領域有：脊椎損傷者的醫療個案管理，遺囑認證或者保護個案的法律個案管理，為受僱的照顧者提供的產業個案管理，和保險方案中長期照顧的個案管理。

可能再過五年或是十年，某種「產業標準」（industry standard）就會發展，幾個專業組織已經開始規範個案管理標準，包括美國社會工作人員協會（the National Association of Social Workers, NASW 1984），國家老人協調委員會（the National Council on Aging, NCOA 1988）。其他則發展標準包括美國護士協會、持續照顧協會，和私立老人照顧管理協會等等。個案管理的品質和標準的問題，也是接受服務的消費者所關心的事（Secord 1987）。

同時，現行的方案是在機構本身獨特的文化和標準中運作。實務的標準是根據基金來源的要求，或是機構內領導者和工作人員的組織任務。專業價值反映在管理架構的訓練中，並且由個案管理人員來執行和實踐。基於這一個原因，聘用專業人才，是實際上確保品質保障的第一步。

個案管理概論

　　儘管大部分的方案設計差異性很大,例如目的、人員、基金、目標、個案負荷量、服務的持續時間、個案管理者的功能都有不同,但是個案管理的過程則大致相同。由於如此,才有可能控制這些不同方案間個案管理基本任務的品質。簡單地說,這個過程由以下的功能組成(White, 1987):

1. 個案的發現(casefinding)。外展和接案(outreach and intake);根據建立的標準來辨別適當的案主;假如沒有適當的服務方案,則提供資訊和轉介。
2. 研判(assessment)。綜合評估案主目前的健康、社會心理、功能的狀況和需要;案主生活中重要決定的介入或幫助。
3. 照顧計畫(care planning)。結合正式或非正式照顧系統制定服務計畫;考慮付費來源和計畫服務的期望持續時間。
4. 計畫的執行(plan implementation)。透過購買或者轉介的關係達到服務傳遞的過程;家庭或者其他的支持網絡也成為有效提供者。
5. 監督(monitoring)。監督所提供之服務的質與量;案主的狀況;問題解決的情形;計畫執行的適當改變。
6. 再研判(reassessment)。案主狀況和照顧計畫定期地、有計畫地再次評估;未來狀況的判斷。
7. 結案或是新的照顧計畫(case closing or new care plan)。機

構或者服務的終止程序，包括適當時機方案的轉移，或者是執行新的照顧計畫、監督和再次評估的過程。

個案管理和品質保證

正如 Helen Rehr 所述：

許多問題困擾著品質保證的過程。不論在甚麼情況、何時、何人、何地，每一個專業和服務提供者都會面臨這些困擾和問題……，然而，我們不能停止尋求的過程，因為我們尚未達到完美的境界，我們必須繼續努力，使我們擁有的粗糙設備，能夠改進和繼續前進。（1979, p.151）

個案管理的品質保證策略從方案評鑑所借用的方法，讓品質保障有了進步，特別針對老年人的公共基金個案管理方案的領域中。例如 Applebaum 和 Austin（1990）最近的工作，著重在如何能夠最佳監控和評價個案管理的有效性。這些作者應用傳統的評估架構、過程和結果，來測量照顧的品質。架構是指方案運作的組織構造（organizational framework），過程則是完成工作的工具和程序，當然，結果則是方案或者服務介入的結果。

確認個案管理過程中每一個部分的組織架構、實務過程，以及冀望結果，這是可能做到的，而跨越團隊成員的共識以及機構或方案政策一致的作法，將可以達到指定的品質標準。

個案發現

在架構上，個案的發現包含了案主的鎖定、外展的努力，和資格篩選，其中包括幾個關鍵任務：第一是需求的評估，以決定特定人口群各種類型問題出現的頻率；第二是創造服務；第三是以有效的方式來傳播其可利用性。

從過程的觀點來看，一個有效的接案程序，應該包括人員配置、方法、文件的利用、需求的建立和維持。它也涉及到主要轉介資源的確認及關係建立和維繫。接案程序裡和品質保證有關的因素則包括工作人員是否能夠貫徹、長期地執行、危機篩檢和工作人員對會談過程的一致性等等。

在個案發現的結果測量方面，焦點放在目標人口群的尋找和參與。而諸如轉介的數量、所服務的目標人口群的百分比，收到的轉介個案之適當性都是可追蹤的因素。

研　判

從一個架構的優勢來看，研判功能的品質保證，包括研判的內容和焦點的限定範圍，決定人員的功能、定義包含時間架構、量表的利用、收集的資料數量、在研判過程中的人員、方法和地點。

在研判功能中確保品質的過程，包含的活動有監督或是同儕對相關文件的審閱、訓練所有員工都能保持一致的評估、為相同案主由比較來自不同的工作人員的評估資料，以及由督導人員現場監督會談過程。

在主要結果測量方面，是測量案主相關資料的精確度。有兩個方法可檢查精確度：第一是評鑑從研判過程中所收集的案主資料有多可靠以及它和個案管理介入的相關程度；第二是從案主、案主的家庭，或是其他專業人員的文件中得到關於研判準確度的回報。

照顧計畫

從結構的觀點來看，照顧計畫的過程包括涉及誰、收集資訊的格式、團隊的形式、文件的使用和時間架構的標準。

照顧計畫的過程觀點，包括文件的審閱、照顧計畫過程中與已確認的問題相關的評估資料、及其與介入計畫間的關係、在協助實務者著重照護計畫（確認及優先順位問題）時督導者和同儕的參與。

在照顧計畫文件的審閱方面，最主要的結果測量是，產生的計畫是否有效、可能採取的介入計畫是否都有考慮到、最佳的選擇是否也都納入考慮、案主的偏好和優先順序是否也都有含括在內，這項計畫是否對案主以及案主的情況個人化，也是相當重要的，以避免千篇一律的照顧計畫（Schneider 1989）產生。

執　行

除了執行的時間架構外，這個階段包含了個案管理者的角色和功能界定，以及在執行中案主的角色和案主非正式系統的參與，此即個案管理過程中的「誰」、「發生甚麼事情」、「多久了」。它也和社會工作價值相符合，因為它支持案主的立場，且其非正式網絡也被鼓勵包含在執行過程中。

在過程方面，實務者與案主或案主系統之間，清楚和明確的「治療契約」（therapeutic contracting），應該包括勞動力的分配、預期的時間架構或是家訪的頻率、評鑑執行過程的成功程度。此外，由同儕或督導員監控執行過程，也是一個十分重要的部分。當這些因素都被確認時，也有機會去比較相似的個案類型中不同的臨床實務。但是，最重要的是，照顧計畫的執行應該解決已經確認的問題，這是結果測量的關鍵。

追　蹤

關於架構方面，接觸的頻率、接觸的方法和接觸的個人，是追蹤的幾個關鍵點。家訪頻率、電話接觸以及周遭重要相關人士（如醫生、復健師等）接觸的最小標準量，通常都是個案管理計畫中的一個項目。

關於追蹤的過程方面，同儕的諮詢和個別的督導，是品質保障的主要方法，追蹤的清楚焦點也能維持。因為追蹤涉及所安排的直接服務以及案主狀態的監督和評鑑，所以從服務提供者的報告和與機構人員的接觸，是這個過程的關鍵部分。

另一個有用的監督方法是案主的滿意度調查，在監督階段期間，藉由電話或者書面記錄來認識案主對個案管理介入價值的看法。如果調查被用來評估案主對個案管理的滿意度時，則在個案管理服務（像是研判和服務的協調）和其他服務（像是個人照顧或是交通協助）之間的區別便相當重要，才能公平判斷每一個服務的有效性。

除了問題的解決之外，解決新問題，可代表追蹤期間正面的結果測量。個案不應該時常保持靜態，對於定義好的案主需求照單全收。危機的解決和穩定性，應該至少在一個期間內，於照顧計畫中提出。

再研判

再研判或者再評鑑的步驟，應該建立在個案管理過程內。在正式方案中再評估通常在一段固定的時間內，例如三或六個月的間隔中進行，至於多久則取決於方案的架構。在所有情況下，再評估應該都是結案之前進行。

再評估的形式通常是初次評估的重複或是簡化版，它是在案主的住所以小組討論的方式進行。首要焦點是要追蹤案主的狀況和變化，在下次預定的時間提出合適的計畫。個別的督導在過程中是重要的，個案管理人員必須證明他們的看法是正確的。

此時，最主要的預期結果，是包括個案管理者和其他服務系統決定案主的未來。如果問題獲得解決了，則結果即是要結案，但是，必須所有的系統都穩定或者將案主轉移到另一個方案中才可如此。若是案主情況還沒有在掌握中，個案管理介入將必須持續下去，這個步驟的結果是發展一個新的照顧計畫，以反映出案主情況的改變或所需服務。

決定的重要面向，是要使終止個案的策略標準化，如此一來，當需要結束一個個案時，工作人員、家庭和案主都將清楚個案為何以及如何結束。團隊的檢討將有助於這個努力。也因為再評估的結果，例如繼續或者終止、影響承辦案件數和接案能力，所以經常檢查和修正也十分重要。

案例：老人照顧網絡

老人照顧網絡（Senior Care Network, SCN）是一個以醫院為基礎所發展的方案模式，最初是在社區提供長期的照顧服務。這個方案是在 1984 年所設計，目的是增進健康和獨立、提供資訊和服務的通路，以及提升社區的能力來支持老年人。

杭丁頓紀念醫院，是位於加州巴莎迪那地區的一所教學醫院，它是私人的非營利機構，有六百零六個床位，現在由社會工作人員管理方案的發展和執行。一開始，方案所處理的需求和問題是由醫院的社工員所完成，他們最主要的工作就是觀察老人照顧的協調和持續性的結果落差。

本方案焦點在確保任何有需要的人，都能得到適當的專業協助。例如，公共和私人來源的基金支持著多重的個案管理方案，讓所有組織提供一個全面性的照顧協調系統。醫療補助計畫（2176）和州基金支持個案管理並為符合資格的族群購買在宅服務。這些方法都是以付費服務的方式獲得，結合醫院的慈善基金、基金會的補助，以及從其他項目的個案管理捐款中撥出。這些多元的資金造就了更及時的服務、隨時皆可轉介，因為案主在系統中的每個地方皆可獲得服務。

SCN 的文化重視創新、創意、團隊工作、專業訓練以及盡可能的提供最高品質的服務給案主。這樣的取向，必須在一個動態的環境中才能維持，亦即鼓勵方案中的每一個人都盡量地說：「我能夠做得到」。

在方案中的其他原理原則，包括如果改變必須從內部或者在外部系統開始，那麼，各級工作人員，都不該滿足現狀，且建設性地努力解決問題是每個人的責任。也認知到由於個人風格的不同，尋求整體的一致等於是緣木求魚，但是，也必須要有足夠的相似處才能歸納出結果。這些標準或者運作的規則，反映出方案領導者的特性和價值觀基礎。

最具挑戰性的是，要求品質控制、品質保障，卻不干擾彼此之間的平衡，像是不同的組織和基金間的需求，也真心努力平等地對待所有案主。保持這項平衡的能力是SCN的主要任務之一。如同Applebaum和Austin（1990）所提到的，執行品質保證方法的最好理由就是，不論服務的變化如何，都將一貫地達到最有利的結果。

SCN 中的服務品質保證

SCN利用了許多品質保證策略融入到方案架構和過程裡。主要活動是影響所有臨床工作人員和案主的照顧。這些使得SCN的服務更接近人群，過程中包含了團隊的思考和決策。強烈的社會工作價值和實務方法，影響了個案管理的設計，說明了個案管理在組織文化裡的適應性。

統一管理的接案

合格的臨床社會工作者出任統一管理的電話接案、諮詢和轉介服務人員，安排合格個案到適當的社區、醫院以及SCN方案中。SCN方案的中央通路有權利記錄電話、部署和追蹤，以專業評估及轉介爲社區提供寶貴的服務。不僅自動地收集案主、轉介來源和目前問題的資料,也提供一個決策和時間監控的基礎,給所有案主多元功能和社會心理的危機評估。這個模型的主要目的是要確保處於危機狀態的人已經被確認,也爲他們提供了諮詢及介入。爲了增加危機判斷的信心水準,合格、有經驗的臨床工作者會執行「醫療汰選法」的任務。

個案分派

另一個統一管理的活動是 SCN 系統中個案的分派,它稱爲「醫療汰選循環」(triage rounds)。每天都由三至四位臨床工作者執行,包括醫療汰選的工作人員以及方案的督導員和管理人員。透過這個方法,能夠優先處理轉介個案、決定哪個方案最適當,且個案管理人員的個案負荷量也被納入考量,而團隊也會再決定合格名單、控制個案流程和監督個案負荷量 (caseloads)。

這個機制很制度化地決定每一個個案的部署,包含主管、行政和個案管理方案的人員,每天都須開會審閱當天所收到的回報,做出下列三個層次的決定:

1.個案的狀況需要親自的評估嗎?
2.如果評估是必須的,個案應轉介到哪個方案中?
3.如果沒有被指示作更深度的評估,可以利用哪些社區基礎的資源以及需要哪些額外的資源或專家?

這個過程,每日只要花員工半小時,即成爲這個部門影響最深遠的品質保證介入工作之一。

文件的內容和形式

　　在個案管理方案中，所利用的表格和工具被視為臨床實務和內容的最小標準。研判的工具提供臨床評估的焦點和架構。照顧計畫的文件，包括問題陳述的形式、解決方法或可能的介入法等備忘錄，則像是臨床過程中的鷹架一般。

　　SCN 所使用的研判摘要敘述，提供給個案管理者一個人們期待他們處理的完整內容、綱要，很顯然地，這個有組織的形式確保了預期實務品質的最底線。同樣的道理，也可以適用於接案、研判以及轉介的文件上。由有經驗的、碩士學位的臨床工作者執行十五分鐘完成的電話會談，也可以確保臨床資料的最低品質，更提供了案主情況的詳細描述。

組織架構和溝通

　　SCN 的架構上有兩個差異較大的特色，支持實務的品質和一致性。首先，在組織架構的設計上，偏向於合作式的矩陣或團隊模式，而非階層式的組織架構，溝通是全方位的而非直線式的，而且資深的管理人員要參與規劃會議、員工大會以及組織內各階層的任務團隊。相同的是，縱向組織的員工，幾乎是在策略性人事議題的運作上代表委員會和團隊架構發言。

　　第二，開放的溝通，包括對組織現況的批評，從「有趣的錯誤」中獲得對個人有用的教訓，並作為其他人的基本方針。「火爐邊的談話」則是由執行長或是助理執行長每年提供數次的機會，約談所有的員工，以輕鬆的口語表達其意見及對方案的看法。領導階層有一個要求，臨床工作人員和非臨床工作人員，都不應忍受未經組織化的工作，所以，所有建設性的批評，也都要被納入考慮。

個別的督導

因為臨床和系統議題的範圍非常寬廣，個案管理是圍繞在個案管理者身上，認定其為主要的監督者，於是每日的工作負荷量所浮現的問題便非同小可。有些問題可能會經常發生，例如老人虐待的危機介入、決定最適當的住所水準、對於有歧見的家庭成員提供支持性諮商、解決機構服務提供的品質差距、斡旋公共利益和案主的利益、作為案主和健康照顧者之間的溝通管道。

事實上，所有的這些事件都有可能同時發生在同一個個案身上，而個案管理者則成為主要倡導者以及問題解決者。由於個案管理者呈倍數成長，督導員的諮詢必然有重要功能，它可確保每個員工間的實務皆一致。傳統上，有計畫的一對一的督導時間是較為靜態的，針對大多數員工的發展需要而討論，以及解決每天的問題。

現場的督導和預定的督導兩者都是需要的，因為個別個案管理者的影響無法輕易地去除，每日的實務也會無意中輕忽已經確立的規範。有一種狀況，是因為第一線人員或是中間管理階層所做的實務決定（像是對服務的個案類型訂出優先順序、對特殊個案提供當面的訪視或是電話聯繫），都會不經意地影響著大系統朝有害的方向進行，或是使組織的文化和期待反向運行。所以，針對每日活動的監督，將可預防非意料中、阻礙政策的事件發生。

團隊照顧計畫

　　因為通才的整體範圍也許不似傳統個案工作或諮商，所以個別臨床工作者的個案管理實務得靠同儕的合作來加強，無論是非正式或在團體個案或照顧計畫會議中皆如此。在最理想的狀況下，每個新的個案都會有一個「照顧計畫」，初次在家評估或例行性的再評估之後立即組成正式的科際整合團隊。這樣的結構提供一個固有的同儕督導以及諮詢的方法，臨床的督導員和方案指導者要使每一個實務工作者，都在規範槓桿中保持平衡。

　　個案的類型和不同的期待，隨時出現在實務當中，這是正式照顧計畫中，大家所共有的經驗。像是服務的長度、介入或服務的種類等等變數，和案主呈現的問題種類、哪些案主需要工作、社區的資源是否瞭解，都是可以結合在一起討論的。所以，一些小軼事的「結果測量」是多多益善。

　　例如，為一些嚴重精神疾病案主，安置在護理之家的臨床經驗，或是具備處理某些特殊類型的精神病個案的專長，均有助於所有團隊成員的實務。集體的智慧發展提升了個人及團隊的知識和實務，也不論團隊是由兩個或者十個成員組成，均是如此。

　　領導者或管理者的工作，是為預期的實務標準提出基調（tone），這是屬於團隊或者方案的文化。團隊的照顧計畫，雖然就人事時間的觀點來看，顯得昂貴，但卻可能是每日個案管理實務中最具體的品質保障機制。

在職訓練

由於有效的個案管理實務，需要的知識相當廣泛，因此，對於實務工作者教育的持續進行便相當重要。教育可以幫助方案中的員工，具有實務知識的最底線。在職訓練的內容或形式，需要考慮到能符合在機構或者社區中處理不同個案類型的員工之需要。例如，一個方案可能強調處理某類個案，如認知損害、身體虛弱或者社會孤立的個案，在職訓練應該從日常的實務經驗中發，與基礎核心內容的結合，由外來專家和內部職員兩者共同執行。

在 SCN，實務者和行政職員在委員會上的固定訓練，至少保持每個月一次。核心內容包括圖表文件、老人的心理狀況、時間管理、處理癡呆、老人虐待、精神狀況測驗，以及評估危機和虛弱的程度。附加內容的主題，如老人精神疾病的醫療法、幫助家庭管理照顧者的壓力，並且處理死亡和其相關問題。

結　論

為了在個案管理實務中應用品質保證法，須先定義一些變數和考慮一些議題，像是相關的架構、過程和期盼的結果等等，如下所列：

1.個案管理服務的目的是甚麼？
2.服務的目標是誰？
3.適當的個案管理者是誰？

4.負責方案或服務的人是誰？

5.應該提供多久的個案管理？

6.一個人可以有效地管理多少個案？

7.應該取得和保留多少資訊？

通常這些類型的問題，是由基金來源回覆。通常定性和定量的資料收集和報告，是必要的機制，以作為品質保障的基礎。在這些方案中，個案管理的本質不完全倚賴正式規則，而專注於發展評估。事實上，個案管理由形形色色的個人，在不同機構中實施，使它特別容易在法律、倫理和道德上受到質疑。

個案管理品質的保障不能孤立於其他系統之外而單獨實施，它會受到環境的影響。因為個案管理的首要焦點是聯繫案主與所需資源，提供資源的系統，將主動約束或者促進預期的結果。

在公共基金的方案中，個案管理被基金的規則和可用的金額所引導。社區中存在或者缺乏正式服務，以及個案管理人員代表案主獲得服務的能力是重要變因，就像對成功的個案管理過程及案主結果而言，家庭及其他非正式支持存在與否是很重要的。此外，個案管理者有許多的主人，因此必須負有多重的責任。除了基金和機構要求之外，個案管理者必須滿足直接服務提供者、家庭、其他決策者，以及案主本身的期望和需求。這些因素增加了個案管理功能的複雜性，也增加了良好品質保障機制的重要性。

私人實務、付費服務的個案管理有其本身的困境。沒有法規，任何品質保障只能依靠個別機構或者實務者的價值觀、倫理和政策。隨著個案管理在助人專業裡繼續獲得更強健的立足點和被接受時，需要對品質保證服務做出更多的承諾，不僅對個人實務如此，對整個系統也是如此。

參考書目

Applebaum, R., ed. *1989. Generations.* Issue on assuring quality of care, winter. American Society on Aging, San Francisco.

Applebaum, R. and C.D. Austin. 1990. *Long-Term Care Case Management: Design and Evaluation.* New York: Springer.

Fisher, K. and E. Weisman, eds. 1988. "Case Management: Guiding Patients through the Health Care Maze." *Quality Review Bulletin.* Joint Commission on Accreditation of Healthcare Organizations.

Grisham, M., M. White, and L. Miller. 1983. "Case Management as a Problem-solving Strategy. *PRIDE Institute Journal of Long-Term Care Home Health Care* 2(4):21–28.

Kane, R.A. 1988a. "Case Management: What Next?" *Generations* (Fall):77–78. American Society on Aging, San Francisco.

Kane, R.A., ed. 1988b. *Generations.* Issue on case management, fall. American Society on Aging, San Francisco.

National Association of Social Workers. 1984. *Standards and Guidelines for Social Work Case Management for the Functionally Impaired.* Silver Springs, MD: NASW.

National Council on the Aging, National Institute on Community-Based Long-Term Care. 1988. *Case Management Standards: Guidelines for Practice.* Washington, D.C.: National Council on the Aging.

Rehr, H., ed. 1979. *Professional Accountability for Social Work Practice: A Search for Concepts and Guidelines.* New York: Neale Watson Academic Publications.

Schneider, B. 1989. "Care Planning in the Aging Network. Pp. 3–25 in *Concepts in Case Management*, R.A. Kane, editor. Papers from the University of Minnesota Long-Term Care DECISIONS Resource Center, Minneapolis.

Secord, L.J. 1987. *Private Case Management for Older Persons and Their Families: Practice, Policy, Potential.* Excelsior, MN: Interstudy Center for Aging and Long-Term Care.

Staebler, R., ed. 1990. *Caring* IX(8, August). Issue on case management and home care.

White, M. 1987. "Case Management." Pp. 93–96 in *Encyclopedia of Aging*, G. Maddox, editor. New York: Springer.

第 *13* 章

精通個案管理者的角色
——Betsy S. Vourlekis & Roberta R. Greene

◆跨越界限的工作

◆主要的技巧

◆在個案管理實務中自我的「政治」運用

本書以更深入的角度來看現行的個案管理者，個案實務工作者就是在服務和資源系統的環境條件中工作，以滿足案主的需求，焦點是在個案管理者的直接實務角色上，分析其漸進的功能。這些功能構成個案管理者的工作。每一個功能在前幾章都由許多案主、問題和服務情境作了豐富的說明。結合第3章到第12章描述的個案管理人員角色，深刻呈現技巧和活動，以及在專業領域中自我發揮的範圍，這些都是實務工作者從事跨界限的工作時所須具備的。

社會工作個案管理須結合臨床和人際技巧，跨越系統的觀點和活動，以及財政和方案的資源管理及責任。欲精通個案管理人員的角色，須先認識自我發揮的複雜性，以及練習技巧至精熟為止。這樣的要求會令人感到高興，但是同時也會使人害怕。高興的是因為角色表現的多樣性，所以能夠引發許多刺激和激發許多潛能，害怕是因為太多的需求和任務，可能會使得時間、精力和精神不敷使用。因此，工作描述（job descriptions）和方案設計經常過於簡化對一個個案管理人員的需要或者期望，只是選擇強調一個或者兩個功能，而不重視每一個功能的相互依賴性。許多實務者選擇有限的實務焦點，這也不令人驚訝，因為限制工作人員和案主的領域，以及限制情境和實務勝過範圍籠統的個案管理角度。

對那些選擇或獲得個案管理實務機會的人，或是設計個案管理的政策和方案的人而言，本章強調和總結了社會工作個案管理人員角色中發揮自我的技巧及特性。精通整體角色的重點，是掌握雙重關係實務的主題，即個別案主的需要和能夠實際滿足這些需要的服務傳輸系統。

跨越界限的工作

經由個案管理的專業投入，使得人和環境間的介面（person-environme interface）更加強固，可以說是社會工作長久的承諾。個案管理中跨界限的本質，在社會工作的文獻中已著墨許多。Gordon Hearn（1974）描述系統取向，是聯繫案主與正式和非正式社區網絡的管道，Seabury（1982）應用「界限工作」（boundary work）來描述個案管理者的角色。跨界限工作是在有支持力量的案主和工作人員關係的環境中，著重於日常生活的因應技巧，並提供案主和機構、社區發展出穩定的關係。執行案主和服務系統雙重關係的日常需要，促使Moore（1990）建議個案管理者必須具有精神治療師的臨床技巧和社區組織者的倡導技巧。Johnson和Rubin（1983）也有類似的觀點，他們提出在個案管理實務中，心理治療師和社會治療師的取向具有動態緊張的關係。

O'Connor（1988）使用Bronfenbrenner（1979）的特殊化環境的基模，來概念化個案管理的多重系統取向的跨界限性質。他認為個案管理者介入越來越多的環境問題：從微觀的（處理個人主要的關係）、中型的（案主系統和社區資源之間的連接），和大型的（處理結構、方案、影響案主情境的資源配置政策），到最後宏觀的（立法、規則、社區、社會標準和期望）領域。

為了將其提升至較實用的層次，Austin、Low、Roberts和O'Connor（1985）建議個案管理為影響兩個層次的介入活動：案主和服務系統。個案管理服務同時涉及直接服務的活動，圍繞著個案計畫的發展和執行，以及個案的管理架構，包括行政安排、機構間的網絡，以及服務過程中，正式和非正式的社區資源（O'Connor 1988），個案管理者會同時注意到這些部分。Austin（1987, 1988）指出，在案主層次上服務和倡導的協調，需要對當地輸送系統具有廣泛的知識。如果缺乏這樣的知識，制定出的照顧計畫很可能不切實際也不可行。同時，案主層次的服務協調，需要重視系統層次的有效性和公平性。因此，個案管理者要參與資源發展、服務管理、成本控制、資源分配、把關，也常包含了工作人員權威的運用。

社會工作實務中跨越界限的觀點，在本書提供的案例和方案中都已經說明。隨後，每一個專門技巧，都會透過案主系統和服務系統兩個層次加以說明。請記住，表達的模式是人為的區分及歸類，實際上，個案管理的功能是交織在一起的，並且相同的技巧作為其他功能時也可能發揮作用。我們要強調的是，這些技巧在個案管理實務中，有些是較少使用的，有些是預期會被使用，有些則常常使用。

主要的技巧

案主的確認和外尋

在個案管理初期，對潛在消費者進行諮詢（consultation），可獲得利用服務時的潛在障礙資訊。個案管理者使用契約技術（engagement skills）與案主建立助人關係，基於相互的信任，可以提升案主的尊嚴和自決。適當的時候，個案管理者也可以和家庭成員成為夥伴關係。

在服務系統或社區的層次，個案管理者輸入（input）政策和方案計畫，協助定義服務範圍和情況。教育，敏銳度，更加瞭解其他服務供應者、機構和社區都是必須要做的事。建立機構之間的整合關係（正式和非正式），鼓勵案主轉介，並且一旦案主簽訂契約，要確保他們能獲得一系列的服務。

個人和家庭的研判及診斷

個案管理者使用系統化的資料收集技巧，回答關於個人和家庭之間在配合方面須改進的事項以及相關環境的問題。為了完成這項工作，工作人員在與個人和家庭會談時要採用技巧敏銳地觀察，以及標準化評估工具的使用和解釋。同時，個案管理者也要評估服務系統的資源及缺失。概念化的能力和系統化的觀念架構，讓個案管理者能從案主的複雜現實狀況中，將資料和資訊以有意義的方式加以組織、整合。書面和溝通的技巧，是讓其他人得知評估過程的具體情況和結論時不可或缺的要項。

計畫和資源的確認

個案管理者要激發案主問題解決能力，共同發展可行的照顧計畫，在決定實際的計畫之前，與案主、家庭、其他的供應者之間協商相關的目標和期望是必要的。計畫和照顧決定有實際和情感的意涵。個案管理者利用諮商（counseling）技巧來幫助案主和家庭探索、面對並解決痛苦的兩難局面或者人際間的爭論，以順利做出決定。

在服務系統層次上，個案管理者尋求適當的資源，包括具文化敏感性的資源在內，也要確認資源的落差。計畫經常需要科際整合團隊，或者不同供應者的觀點參與其中。個案管理者使用分工合作的技巧，包含自己的專業保證來達到工作上的共識。

連結案主與所需資源

在這一點上，服務的通道和取得，甚或是創造必需的資源，都是相當重要的議題。個案管理者必須處理案主關心的事，以及突破障礙來使用資源。針對案主提供情感和實質的支持，是本階段個案管理者所必須要做的。同時，個案管理者要喚起案主自我照顧的能力、知道何時處理案主依賴個案管理者、及促進其成長改變的服務系統資源、並在適當時機增進獨立。

在系統方面，資源經常是個別供應者或者方案的工作人員，需要接受教育或者資訊，使之適當地爲案主服務。個案管理者需要勸說、堅持使方案和政策不要太過僵化（不論是時間或是物質）而形成案主接受所需資源時的障礙。當服務不再被需要或者無用、不當時，個案管理者也需要處理「切斷連結」，瞭解案主和資源終止的一個有秩序的過程。在令人不滿意的案主—資源配合的情況下，如果案主願意再次嘗試並且資源將在未來爲案主服務的話，個案管理必須處理雙方負面的感受。

服務的執行與協調

對某些案主而言，個案管理者必須利用進一步的臨床技巧，來幫助案主經由服務達到目標。應該注意的是，這並非建議個案管理者也爲案主提供治療。這裡強調的是身爲個案管理者，在某些案主同意的服務計畫裡，需要使用執行和協調方面的臨床技巧。案主可能需要的是壓力管理，或者案主經由和個案管理者的人際交流，嘗試了新經驗，允許了失敗增強了成功的可能性。案主可能需要有組織及一致的助人關係以達到個人的成長。專業的同理技巧讓個案管理者發掘隱藏在否定、敵對或冷漠的行爲背後阻礙案主進步和與他人疏離的情緒反應。

案主可能需要個案管理者實際的援助，像是緊急事件的交通、協助搬遷、外出的機會等等，這些要求可能都要仰賴個案管理者。這需要靈活的專業自我發揮，自由安排助人的活動。另一方面，個案管理者要發展臨界感，知道不同資源或者方法何時可以提供更好的活動。

服務層次上，個案管理者要判斷服務的時機和進程，預想落差、進度落後和其他服務輸送問題，在支離破碎的系統中，努力達成某種程度的協調。當政策變化時，可能還須背負重重障礙的壓力。另外，必須確保在供應者之間系統溝通所需的資訊，這意指安排會議、個案研討、定期電話諮詢，或者其他資訊交換的形式。在危機破壞例行的照顧計畫時，個案管理者必須有緊急或備用計畫和程序。

服務輸送的監督

在個案的層次上，個案管理者要確定，系統對案主是負有責任，而案主也會達成各方協定的期望。個案管理者積極地去做他們認爲應該做的事情，當事情出錯時，也要報告並且介入。個案管理者使用澄清和面質的技巧，以確保案主的問題已被呈報和處理且結果正確無誤。個案管理者可幫助案主和家庭監控他們自己的服務。組織和寫作的技巧有助於個案管理者清楚、負責地記錄個案情況。

當個案管理是處於法律或是行政管理系統的強制服務環境時，個案管理者會成為法院的中間人，監督委託事項和其他的行政結構。這時個案管理者必須以清楚的報告和呈現的技巧，適時且客觀地對複雜環境負起監督的責任。即使當法律限制範圍（legal parameters）不運作時，仍需要個案管理者對案主的狀況提出專業判斷。

獲得服務的倡導

這項功能是指個案管理者在執行一項有權力的策略，為一位案主取得特定資源或服務（個案倡導）（case advocacy），也可能針對案主群進行〔運動倡導（cause advocacy）〕。在案主層次上，個案管理者通常基於對危險和利益的仔細考慮（儘管不總是如此，如同在許多兒童保護倡導努力的情況一般），尋求案主一致的行動。倡導策略會造成衝突和敵意，對案主產生額外的壓力，個案管理者必須提供情感的支持和協助壓力管理。

倡導的努力，無論是否代表個別或者整個案主群的利益，是針對服務系統或者決策環境條件所形成的。個案管理者必須運用權力。它有許多形式：專家的知識、新的資訊、影響力聯盟、合法託管或者先例。無論影響的來源為何，個案管理者需要令人信服、強而有力的書寫和口語的技巧，以建構一個清晰、強制性的個案。面質的技巧有助於個案管理者將案主的防衛和敵意減到最低。談判和衝突管理的技巧，也可以成為達到目標的方法。

評　估

　　評估個案管理所提供之服務的品質、適當性和有效性也包含兩個層次。在個別案主層次上，個案管理者經由正確與及時的個案記錄，記下個案和管理者的活動，是大部分監督和評估系統的基礎。在服務輸送層次上，為了要使方案能解決問題，需要收集許多可靠的個案資料，以解釋需求和問題所在。

　　個案管理者須參與同儕的督導和諮詢，這對於特別難解或者複雜的個案環境很有幫助，並針對問題解決，注入各種的新法。同儕督導過程要能夠有效，必須由其他人來詳審某個人的實務及想法，並開放提供回饋和新資訊。同儕督導和檢討活動也需要個案管理者評價同儕的工作，以建設性的方法來提供誠實、有益的回饋。在系統的層次上，內建在同儕督導和諮詢方法學中的個案計畫和團隊照顧，提供一個確認方案和系統輸送問題的架構，並發展解決辦法。直接實務的個案管理者，最有立場去瞭解現存方案及輸送系統的結果，這個觀點所附加的責任是以建設性的努力，達到影響和改變的目的。

在個案管理實務中自我的「政治」運用

　　處理案主需要的多種範疇個案管理方法，除了提供個別案主的照顧外，更需要對廣泛的系統目標，增進其有效性、效率和公平。Austin 稱之為「服務管理」（service management），強調個案

管理者的工作是在資源的掌控（Austin 1987, p.12）。服務管理的
目標也許是公開和明確的，例如在指定的預算裡，個案管理在方
案中的功能之一便是購買對案主需要的服務。這個例子中的個案
管理者負有財務的責任，並且直接監控資源的分配，這是俗稱
「管理照顧」的一個特點。在其他方案中，個案管理獲得和使用
的資源，並未獲保證也未獲監督。然而，個案管理者必須保留潛
力以影響輸送系統和改變資源的配置，使其更加美好。

　　Austin（1987）建議，雖然許多社會工作者，還沒有對個案
管理者在服務管理方面的角色感到自在，但是普遍的趨勢愈來愈
朝向「管理照顧」發展。她認爲它將意味著社會工作者，有更多
購買和終止服務的權限，因而直接且公開地控制服務的管道和使
用。

　　不論服務管理的目標是否清晰明確或隱晦不明，個案管理者
都代表一個服務系統和其所遞送的服務，以及對個別案主照顧的
供應者。個案管理取向假定案主的需求協助均超過個別的個案管
理者的能力範圍，案主也期盼個案管理者的回應能個別化。個案
管理者也是案主與服務輸送系統聯繫的環結，因此，個案管理者
的立場並不是單獨投入在每個個別案主的因應、調整及社會功能
的發展上。服務輸送的機制和資源以及透過輸送系統是否能達到
結果，也是必須關心之事。

　　這需要包括「政治」自我（"political" self）的專業主義模
型。就其廣泛的意義而言，政治上的專業自我是對一個人所參與
的服務輸送系統能夠適應並分配力量介入。沒有這部分的專業認
同，則實行個案管理跨界限功能所需的技巧及活動只能算一部分
的精熟而已。

　　White 和 Goldis（本書第 12 章所述），當他們寫出關於他們

的個案管理方案時，對政治專業的自我就有了承諾，「期待各層次的工作人員，如果改變必須從內部或外部輸送系統展開，就不應接受現況，為建設性的問題解決而努力，是每個人的責任」。在個案管理過程和功能中，每個步驟都有機會解決建設性的輸送系統問題。

同樣地，個案管理人員有時會在不完善、不適當的系統中工作。理想上，個案管理是在連續服務的情境中，滿足案主的需要。然後，理論上，個案管理確保適當照顧（不多也不少）、公平的資源分配（給所有需要的人），和協同照顧（一起工作而非交叉工作）的目標是合理且可達成。個案管理變得流行，是因為社會認知到服務輸送的特色為分崩離析、缺乏協調以及利益導向，而非以需求為基礎的決策。然而，若服務和資源不存在的話，個案管理（和個案管理者）的服務和資源不可能填滿所有落差和滿足所有需求。

參考書目

Austin, D.D. 1987. "Case Management: Reinventing Social Work?" Paper presented at the National Association of Social Workers Annual Meeting of the Profession, September 9, New Orleans.

―――. 1988. "Case Management: Myths and Realities." Paper presented at the National Association of Social Workers Annual Meeting of the Profession, November 11, Philadelphia.

Austin, C.D., J. Low, E.A. Roberts, and K. O'Connor. 1985. *Case Management: A Critical Review*. Seattle: Pacific Northwest Long Term Care Geontology Center, University of Washington.

Bronfenbrenner, U. 1979. *The Ecology of Human Development*. Cambridge, MA: Harvard University Press.

Hearn, G. 1974. "General Systems Theory and Social Work." Pp. 364–66 in *Social Work Treatment*, F. Turner, editor. New York: Free Press.

Johnson, P. and A. Rubin. 1983. "Case Management in Mental Health: A Social Work Domain?" *Social Work* 28:49–55.

Moore, S. 1990. "A Social Work Practice Model of Case Management: The Case Management Grid." *Social Work* 35:444–48.

O'Connor, G. 1988. "Case Management: System and Practice." *Social Casework* 69:97–106.

Seabury, B.A. 1982. "Boundary Work: The Case Manager's Role." Paper presented at the National Association of Social Workers Clinical Conference, November 20, Washington, D.C.

社會工作個案管理　　　　　　　　　　　　社工叢書 10

編　　　者／Betsy S. Vourlekis & Roberta R. Greene
出 版 者／揚智文化事業股份有限公司
發 行 人／葉忠賢
總 編 輯／孟　樊
執行編輯／鄭美珠
登 記 證／局版北市業字第 1117 號
地　　　址／台北市新生南路三段 88 號 5 樓之 6
電　　　話／(02)2366-0309　2366-0313
傳　　　真／(02)2366-0310
E - m a i l ／tn605547@ms6.tisnet.net.tw
網　　　址／http://www.ycrc.com.tw
郵政劃撥／14534976
印　　　刷／偉勵彩色印刷股份有限公司
法律顧問／北辰著作權事務所　蕭雄淋律師
初版一刷／2000 年 8 月
I S B N ／957-818-148-5
定　　　價／新台幣 300 元
原著書名／Social Work Case Management
Chinese translation copyright © 1999 by Yang-Chih Book Co., Ltd.
Published by arrangement with Aldine de Gruyter through Bardon-
Chinese Media Agency All RIGHTS RESERVED.
For sale in worldwide
Print in Taiwan

南區總經銷／昱泓圖書有限公司
地　　　址／嘉義市通化四街 45 號
電　　　話／(05)231-1949　231-1572
傳　　　真／(05)231-1002

國家圖書館出版品預行編目資料

社會工作個案管理 = Betsy S. Vourlekis,

Roberta R. Greene 編／林武雄譯. -- 初版.

-- 台北市：揚智文化，2000 [民 89]

面； 公分 -- （社工叢書；10）

譯自：Social Work Case Management

ISBN 957-818-148-5（平裝）

1. 社會個案工作

547.2 89007450